PARI MUTUEL

L'aventure d'une grande invention française

Pari Mutuel, *l'aventure d'une grande invention française*

ISBN : 978-2-9529979-0-4 • EAN : 9782952997904

Rédaction & coordination : Marie Chasteau de Balyon et Yves Ronin Markcom-management
Direction artistique : Raphaël Michon
Maquette : Michel Hédricourt

Couverture : Yann Pendaries

Quand le passé n'éclaire plus l'avenir, l'esprit marche dans les ténèbres...

Alexis de Tocqueville

À André Carrus

« La réussite du PMU est due à la collaboration précieuse des titulaires des 5 750 postes d'enregistrement des paris répartis sur tout le territoire. »

C'est en ces termes qu'en 1979 s'exprime André Carrus, co-fondateur du PMU et inventeur du Tiercé, devant ses camarades polytechniciens.
Il incarnait l'esprit « mutuel » : on ne gagne pas seul, la victoire se partage. Cette volonté tenace de faire triompher le système du Pari Mutuel, nous voulions aujourd'hui, avec la Compagnie du Pari Mutuel, lui rendre hommage.

Mais comment remercier un homme, un système qui ont ouvert la voie et contribué à l'essor du monde hippique ?

Les écrits restent et le Pari Mutuel mérite cette consécration que seuls confèrent les livres. Il fallait donc un ouvrage qui lui ressemble, dans la plus pure tradition du « mutuel », réunissant des hommes et des femmes animés par une même volonté : faire triompher devant toute autre forme de jeu le système du Pari Mutuel. Plusieurs experts se relaient pour ce voyage dans le monde du « mutuel ».

Cette œuvre collégiale, la Compagnie du Pari Mutuel l'a fait naître pour que ne s'éteigne pas la mémoire de ceux et celles sans qui nous ne serions pas là. Il est temps de dire merci.
C'est en respectant le passé que nous assurerons l'avenir et je souhaite que celui du Pari Mutuel soit glorieux et serein.

Jérôme CARRUS

Mon grand-père et mon père ont compté plus que quiconque dans ma vie. Ils lui ont donné un sens, celui des chevaux que l'on mène à la victoire. Je crois que mon premier mot fut cheval, que j'ai su monter avant de marcher, mettre un licol avant de savoir faire mes lacets...

J'ai été élevée à l'école de la rigueur : le cheval est un animal exigeant qui ne vous pardonne rien mais qui vous apporte les joies les plus immenses, les satisfactions les plus pures.

Cette passion, cette discipline, je suis fière aujourd'hui de les transmettre à mes enfants, qui les pérenniseront, je l'espère, à leur tour. Quoi de plus beau que voir naître, grandir et réussir ses petits, poulains ou humains...

Le Pari Mutuel nous donne les moyens de notre rêve. En insufflant un essor fantastique aux courses, en leur donnant la force de se développer sainement, il est le gardien de notre profession. Le Pari Mutuel fait vivre la filière hippique ainsi que ceux et celles qui ont voué leur vie à cet univers.

Mon admiration et ma reconnaissance pour des gens comme Jean Romanet ou André Carrus sont immenses. Ils ont donné aux courses une aura qui a dépassé les frontières et qui nous permet aujourd'hui d'exercer notre passion partout dans le monde.

Passion : c'est certainement le maître mot de cette belle histoire. Qu'elle puisse durer le plus longtemps possible ! C'est tout le bien que je souhaite aux générations futures.

Criquette Head

L'HISTOIRE D'UNE INVENTION

Par Guy Thibault, historien

Après la création de l'hippodrome de Longchamp en 1857, les courses attirent un public croissant. Rapidement, celui-ci commence à parier pour donner du piment au spectacle. Au jeu direct entre deux personnes se connaissant, se substitue le jeu public.
Deux modes de paris se développent.
Le pari à « la poule », où le joueur déposant sa mise se voit attribuer, au travers d'une loterie préalable à la course, le numéro d'un cheval engagé. Le détenteur du ticket portant le numéro du cheval vainqueur reçoit la totalité des mises.
Inconvénient de ce système, le hasard joue un rôle, le parieur n'étant pas libre de son choix.
Et le pari au livre avec une cote fixe proposée par un donneur à un preneur ; il est établi sur le mode anglais où il est exploité par des « bookmakers ». Deux risques : le pari est perdu par le preneur si le cheval ne court pas (courir ou payer, sacro-sainte règle) :
Le donneur peut avoir intérêt que perde le cheval choisi par le preneur et être ainsi tenté d'influencer le résultat de la course.
C'est alors qu'un ingénieux Espagnol immigré, Joseph Oller (1839-1922), frappé des tricheries régnant dans ces paris à la poule, a l'idée d'exclure le hasard tout en maintenant le principe de mutualité, l'argent des perdants revenant aux gagnants. Il crée un pari laissant la possibilité de choisir un cheval.
Les parieurs, qui ont désigné le cheval gagnant, se partagent la masse des enjeux après déduction d'une commission réservée à l'organisateur.
Celui-ci n'a aucun intérêt particulier à la victoire d'un cheval plutôt qu'à celle d'un autre, sa rémunération étant toujours la même.
C'est le Pari Mutuel proposé en 1868 par Joseph Oller dans une voiture-bureau équipée d'un grand tableau et d'un compteur-totalisateur.
Sans ambiguïté, le Pari Mutuel connaît un succès immédiat.

Joseph Oller
(1839-1922),
père du
Pari Mutuel

Le 5 mars 1865, Joseph Oller met en place, sur l'hippodrome de La Marche, la première voiture de l'agence des poules. C'était une immense roulotte, peinte en jaune, à vastes compartiments intérieurs et à plusieurs guichets comportant le personnel et le matériel qu'exigeaient les multiples opérations de ventes des tickets

Les trois types de paris vont prospérer non seulement sur les hippodromes mais aussi dans des agences ayant pignon sur rue à Paris jusqu'au 22 décembre 1868 quand, « au nom de la morale publique et dans l'intérêt des familles », le parquet intervient. Par un arrêt de la cour d'appel du 4 juin 1869, les « agences de poules » sont condamnées comme contrevenant aux lois prohibant les loteries. Un autre arrêt de la cour d'appel (31 décembre 1874) condamne les « agences de Pari Mutuel » pour tenue de maisons de jeu de hasard. Conséquences directes : fermeture en bloc de toutes les agences proposant ce type de pari en ville et interdiction de son fonctionnement sur les hippodromes. Conséquence indirecte, prévisible (sauf par les naïfs), la ruée des parieurs vers les bookmakers !

Le règne des bookmakers

Car, le pari à la cote, n'ayant pas été nommément condamné, peut être tenu pour toléré, à défaut d'être autorisé. Son existence tient à une subtile distinction. Si le Pari Mutuel est interdit, c'est que le hasard interviendrait du fait que le parieur est reconnu « ignorant », la cote de son cheval fluctuant jusqu'à l'arrêt des opérations. Ce ne peut être le cas dans le pari à la cote où le parieur est considéré « éclairé », puisque lui ne devient preneur qu'après s'être entendu avec le donneur sur la cote du cheval choisi en connaissance de cause. Donc le pari à la cote effectué entre personnes compétentes est licite.

S'ouvre l'ère du pari à la cote proposé au comptant par les bookmakers dont l'activité n'était jusqu'alors que secondaire. Ils vont régner dans un quartier de Paris, entre les Grands Boulevards et la rue du Quatre-Septembre. Leurs boutiques envahissent les rues de Choiseul, de Gramont, de Hanovre et de la Michodière.

À Longchamp, à Auteuil et sur les hippodromes suburbains, leurs piquets (où ils affichent les cotes) remplacent les voitures bariolées des agences proscrites.

Jusqu'au jour où le conseil municipal de Paris constate que la Ville, propriétaire d'Auteuil, de Longchamp et de Vincennes, ne tire aucun profit du commerce prospère des paris effectués sur les trois hippodromes communaux. Le 9 février 1887, il invite le préfet de la Seine à faire cesser le jeu sur toute l'étendue des trois hippodromes parisiens. Et le 15 mars, le ministre de l'Intérieur envoie aux préfets une circulaire leur donnant des instructions pour briser l'industrie des bookmakers. La machine administrative se met en route. Bientôt, on fait les comptes et triste mine. Le public déserte les hippodromes. À Auteuil, pour six réunions, la recette aux entrées a chuté de 44 %. Les sociétés de courses parisiennes envisagent de diminuer les allocations et de supprimer les subventions accordées aux sociétés de province. Presse et éleveurs font entendre leur voix. Si les paris ne sont pas autorisés de nouveau, « les courses ne tarderont pas à suivre les paris dans la tombe », écrit le polémiste Henri Rochefort dans Le Gil Blas.

Sous les canotiers… les parieurs

BRADBERRY
HENRY BRADBERRY
BIRMINGHAM
HENRY
ALAN CARLISLE
HORSES
AMAZONS MODEL
NOBLE KING
PIZARRO
RAEBURN
CARIOCA
ESQUEMELING
ORMSTEAD
MEDICANT

La Charité protectrice des paris

Au gouvernement, où l'on perçoit le tohu-bohu, on prend conscience que la bonne santé de l'industrie des courses et de l'élevage concerne deux ministères clés, ceux de l'Agriculture et de la Guerre. Dès le 28 mars, à l'issue du conseil des Ministres, il est annoncé que : « Les diverses autorités compétentes sont d'accord pour accepter le système des paris mutuels exploités par les sociétés elles-mêmes ; chaque société fera sa demande ; elle obtiendra l'autorisation par décret. »

En fait, si l'État accepte le rôle de « souteneur », c'est sous le couvert de la Charité qui devient la protectrice des paris.

Car, pour calmer les scrupules des moralistes, en contrepartie de l'autorisation donnée, seront perçus sur les paris 2 % en faveur des œuvres de bienfaisance, en plus des 3 % destinés à couvrir les frais d'exploitation des sociétés de courses, le solde éventuel pouvant être employé en encouragements.

Mais à la Ville de Paris, on se sent dupé par cet accord, fait par-dessus sa tête sans qu'elle ait été partie contractante.

Si le public reprend lentement le chemin des hippodromes, les bookmakers n'ont pas désarmé. Obligés de quitter les hippodromes où ils sont pourchassés, ils ont transformé Paris en un vaste tripot. Car dans sa hâte de résoudre en mars 1887 l'épineux problème du pari sur les hippodromes, le gouvernement ne s'était pas soucié de son corollaire, le pari en dehors des terrains de courses. Le vide dont la nature a horreur, les bookmakers délogés s'empressent de le combler sous l'enseigne de « Commissionnaires du Pari Mutuel ». De ceux qui ne peuvent se déplacer ou risquer la mise minimale de 5 F, ils acceptent des 50, voire 25 centimes que, bien entendu, ils se dispensent d'aller verser au Pari Mutuel officiel ouvert sur l'hippodrome.

Au printemps 1890, l'atmosphère entourant le Pari Mutuel s'alourdit. Le 24 mars, le conseil municipal de Paris se penche sur la question de la suppression des agences de Pari Mutuel. À son tour, le gouvernement s'émeut et, le 2 juin, le ministre de l'Intérieur prend un arrêté interdisant « de participer au pari par l'entremise de mandataires au moyen de commissions données en dehors du champ de courses ». Parmi les considérants, « il est de notoriété publique que les agences, opérant pour leur propre compte, ne portent pas aux guichets du Pari Mutuel les mises qui leur sont confiées et frustrent ainsi l'Assistance Publique du prélèvement qui lui est réservé. »

Tribunes d'Auteuil au début du siècle

Pourchassés, les contrevenants sont condamnés par les tribunaux, à l'exception de certains arguant de l'illégitimité du Pari Mutuel qui ne serait qu'une loterie déguisée malgré le prélèvement effectué sur les enjeux en faveur d'une œuvre de bienfaisance. Prélèvement dont l'attribution était revendiquée par la Ville de Paris (comme propriétaire des hippodromes) pour l'Assistance Publique de la Seine, et le ministre de l'Intérieur voulant l'affecter à des œuvres de bienfaisance nationales, sous prétexte que les courses procuraient déjà un large bénéfice au commerce parisien. En attendant une décision, les versements, effectués avec ponctualité par les sociétés de courses au Crédit Foncier de France chargé de leur collecte, s'étaient accumulés pour constituer un véritable magot « qui n'appartient à personne et que tout le monde se dispute ».

Quand un projet de loi réglant l'emploi de ces fonds est discuté devant le parlement le 28 février 1891, son objet est dévié. La question devient : qui est pour le jeu, qui est contre ? Malgré la mise en garde du ministre de l'Intérieur, « Si vous ne voulez pas qu'on joue : on ne jouera pas », les députés refusent par 338 voix contre 149 de passer à la discussion des articles du projet de loi. Promesse tenue : le 2 mars, le ministre notifie à toutes les sociétés que l'autorisation de faire fonctionner le Pari Mutuel sur leurs hippodromes cesse d'être valable à compter du 8 mars.

Ce dimanche 8 mars, courses à Auteuil. L'hippodrome est occupé militairement dès le matin avant l'ouverture des portes par des gardes municipaux à pied et à cheval. Déploiement de forces parfaitement inutile, le public se contentant de manifester par son abstention.

Fermeture du Pari Mutuel et pluie persistante, c'est 6 785 spectateurs à la pelouse contre 26 207 l'année précédente et une recette globale aux entrées en diminution de 55 %. Le jeudi 12 mars, la Société des Steeples entrevoit le gouffre : à Auteuil, 2 664 personnes à la pelouse alors qu'elles étaient 18 100 le 13 mars 1890.

Revue « Le Grelot »,
8 juin 1890

20e ANNÉE. — N° 1.000 FRANCE : 15 CENTIMES 8 Juin 1890.

LE GRELOT

BUREAUX
5, cité Bergère, 5
PARIS

ABONNEMENTS
FRANCE
Un an........ 8 fr. »
Six mois....... 4
Trois mois..... 2
15 c. le numéro

PARAIT LE DIMANCHE

ADRESSER
Lettres et Mandats à M. J. MADRE
Directeur-Gérant.

BUREAUX
5, cité Bergère, 5
PARIS

ABONNEMENTS
ÉTRANGER
Un an........ 10 fr. »
Six mois...... 5
Trois mois... 2 50
20 c. le numéro.

PARAIT LE DIMANCHE

PUBLICITÉ
Les annonces sont reçues aux bureaux du journal.

Tout abonné à un journal de Paris peut recevoir gratuitement le GRELOT (Voir en tête de la 2e page)

AVEC LA PROTECTION DU GOUVERNEMENT

Un bon tuyau !

Presque jour pour jour à quatre ans d'intervalle, la suppression des paris produit les mêmes effets. Le public boude.
Les sociétés de courses comptent leurs réserves et suspendent les subventions à la province.
Les éleveurs tempêtent. Le conseil municipal de Paris proteste et réclame au préfet le recouvrement des sommes promises au titre de ses œuvres de bienfaisance. La presse parisienne critique.
Elle cloue au pilori les 338 députés qui ont voté « sans comprendre qu'ils anéantissaient une œuvre nationale ». Le Gaulois prédit un sombre avenir : « L'on peut évaluer à dix mille le nombre des malheureux qui vont se trouver dans la misère par suite de la suppression des paris et, conséquemment, des courses ».

Le réveil des députés

Les protestations réveillent le Parlement. On y prend conscience de la portée du vote du 28 février, la cause des courses étant aussi celle de l'agriculture et de la défense nationale. Interpellé par un député du Calvados (département d'élevage), le ministre de l'Agriculture déplace le débat sur un plan plus vaste, la réglementation légale et définitive des courses, et dépose le 12 mars un projet de loi auquel s'associent majoritairement les conseils généraux réunis alors en session. Projet qui soumet le budget et les comptes de toute société de courses au contrôle de l'État et ne tolère qu'un seul mode de pari, « le Pari Mutuel », aux seules sociétés dûment autorisées et moyennant un prélèvement fixe en faveur des œuvres de bienfaisance et de l'élevage.
Enfin éclairés, les députés adoptent le 13 mai l'ensemble du projet gouvernemental (312 voix pour, 160 contre). Très remarquée, l'affirmation d'Émile Riotteau : « L'important, c'est d'arrêter les abus et il est évident que, de tous les modes de paris, c'est le Pari Mutuel qui en présente le moins ; son avantage essentiel est d'être étranger à tout intérêt dans la course ». Le Sénat se permet d'ajouter « à l'exclusion de tout autre mode de pari » dans l'article autorisant le Pari Mutuel. Avec cette utile précision, le projet est ratifié par le Sénat le 1er juin. Ainsi est promulguée le 2 juin 1891 la loi « réglementant l'autorisation et le fonctionnement des courses de chevaux ».
Et le 3 juin, journée de la Grande Course de Haies, Auteuil peut inaugurer le Pari Mutuel dernier cri. De nouvelles baraques y avaient été installées jusque tard dans la nuit. Et les guichetiers, en nombre insuffisant, ne peuvent donner satisfaction à tout le public qui se presse pour jouer au Pari Mutuel.

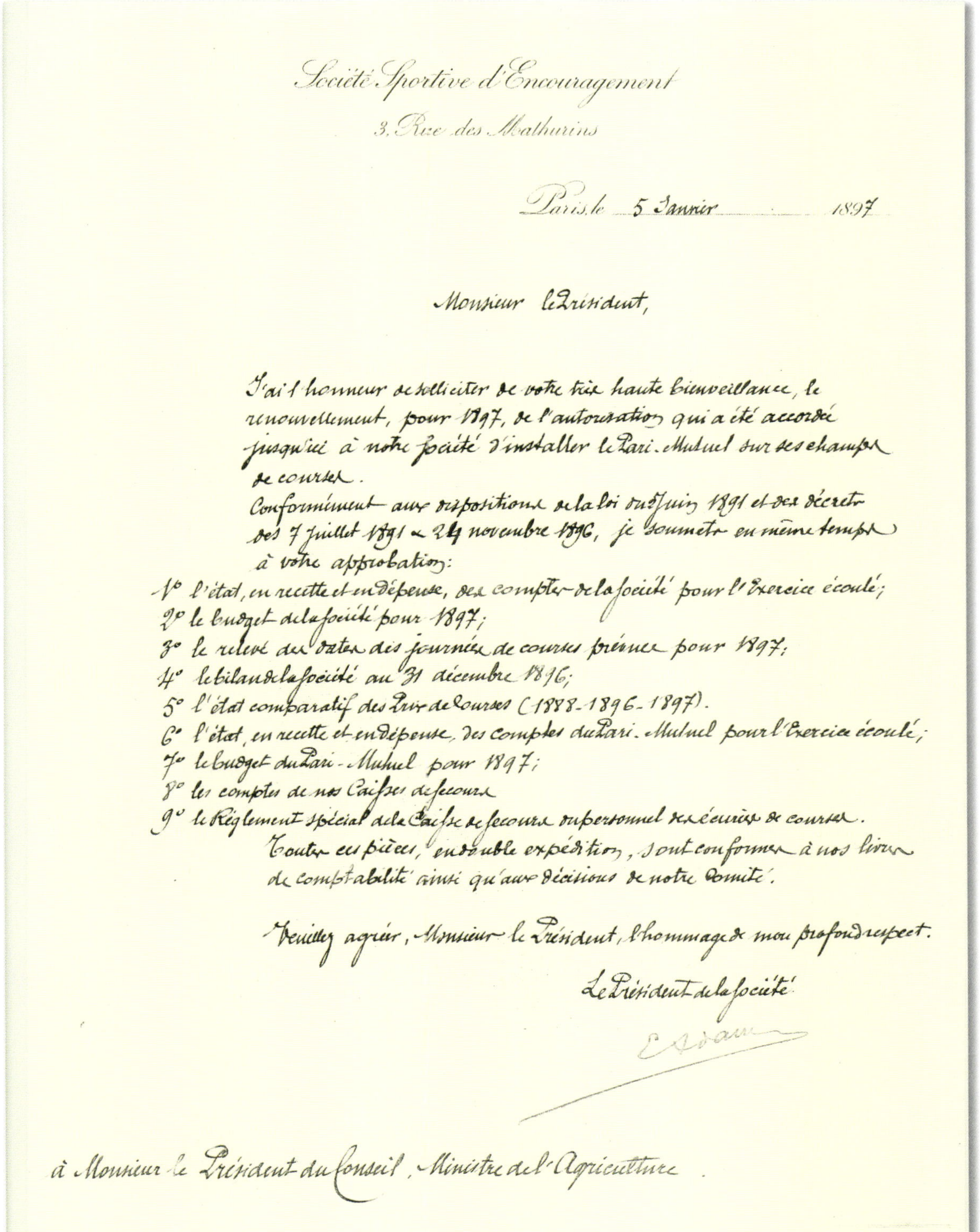

Société Sportive d'Encouragement

3, Rue des Mathurins

Paris, le 5 Janvier 1897

Monsieur le Président,

J'ai l'honneur de solliciter de votre très haute bienveillance, le renouvellement, pour 1897, de l'autorisation qui a été accordée jusqu'ici à notre Société d'installer le Pari-Mutuel sur ses champs de courses.

Conformément aux dispositions de la loi du 2 Juin 1891 et des décrets des 7 juillet 1891 et 24 novembre 1896, je soumets en même temps à votre approbation:

1° l'état, en recette et en dépense, des comptes de la Société pour l'Exercice écoulé;
2° le budget de la Société pour 1897;
3° le relevé des dates des journées de courses prévues pour 1897;
4° le bilan de la Société au 31 décembre 1896;
5° l'état comparatif des Prix de Courses (1888-1896-1897).
6° l'état, en recette et en dépense, des comptes du Pari-Mutuel pour l'Exercice écoulé;
7° le budget du Pari-Mutuel pour 1897;
8° les comptes de nos Caisses de secours
9° le Règlement spécial de la Caisse de secours du personnel des écuries de courses.

Toutes ces pièces, en double expédition, sont conformes à nos livres de comptabilité ainsi qu'aux décisions de notre Comité.

Veuillez agréer, Monsieur le Président, l'hommage de mon profond respect.

Le Président de la Société

E. Adam

à Monsieur le Président du Conseil, Ministre de l'Agriculture

Courrier envoyé au ministre de l'Agriculture
par Eugène Adam, Président de la Société Sportive d'Encouragement :
demande de renouvellement pour 1897 d'installer
le Pari Mutuel sur les champs de courses

Le rapide et indéniable succès du Pari Mutuel va permettre l'explosion des courses en France à l'orée du XXème siècle.
Suivant l'exemple français, ce mode de pari sera adopté par de nombreux pays désireux de procurer à leurs courses les ressources nécessaires à leur prospérité.
Ainsi en 1908, le Pari Mutuel deviendra le seul pari autorisé aux États-Unis après la condamnation du bookmaking. Et en 1923, lors de la légalisation du jeu sur les courses au Japon, c'est aussi le Pari Mutuel que retiendra le législateur.

La grand'messe du prix de l'Arc de Triomphe

Siège de la Compagnie du Pari Mutuel Chauvin rue des Petits Hôtels à Paris, berceau du PMU

1930. Le PMU

Depuis la loi du 2 juin 1891 autorisant le Pari Mutuel, on ne peut parier sur les courses de chevaux que sur les hippodromes.
Ceux qui ne peuvent s'y rendre sont placés devant l'alternative : ou s'abstenir, ou confier leurs paris à des « bookmakers » agissant illégalement. Le prospère commerce des paris clandestins, dont la répression s'avère difficile, ne fait pas l'affaire des sociétés de courses organisatrices, ni de l'État, tous deux privés d'importants revenus leur échappant.
Et cette situation inquiète plus que jamais un milieu agricole directement concerné, celui de l'élevage, destinataire d'une part des prélèvements sur les paris. On s'accorde enfin pour combattre les clandestins, le meilleur moyen étant de les concurrencer sur leur propre terrain, c'est-à-dire en ville. Le débat est ouvert au printemps 1930.

Faut-il permettre l'enregistrement des paris sur les courses en dehors des hippodromes ? Opposants : les défenseurs de la vertu et d'une certaine morale. Favorables : les pragmatiques.
On ne peut empêcher les gens de parier. Permettons leur de parier hors des hippodromes. L'élevage et l'État percevront des recettes supplémentaires qui leur échappent jusqu'alors. Pour ce faire, il suffit de supprimer six mots « sur leurs champs de courses exclusivement » figurant dans l'article 5 de la loi du 2 juin 1891 autorisant le Pari Mutuel.
Cette suppression est votée par la Chambre des députés le 12 mars 1930. Ainsi la loi de finances du 16 avril 1930 (article 186) permet l'extension du Pari Mutuel hors des hippodromes. La conception du Pari Mutuel Urbain est reconnue officiellement par un décret publié le 11 juillet 1930.

Les sociétés organisatrices de courses, tout en gardant la haute direction, décident de confier l'organisation matérielle du Pari Mutuel Urbain à une gérance réunissant des spécialistes (trois représentants de la Société Oller et André Carrus du Pari Mutuel Chauvin) dont elles utilisent déjà les services sur les hippodromes. La mise en œuvre nécessitant quelques mois d'étude, la naissance du Pari Mutuel Urbain n'interviendra que le 2 mars 1931, lors d'une réunion de sept courses au trot à Vincennes.

Croquis d'invention d'André Carrus

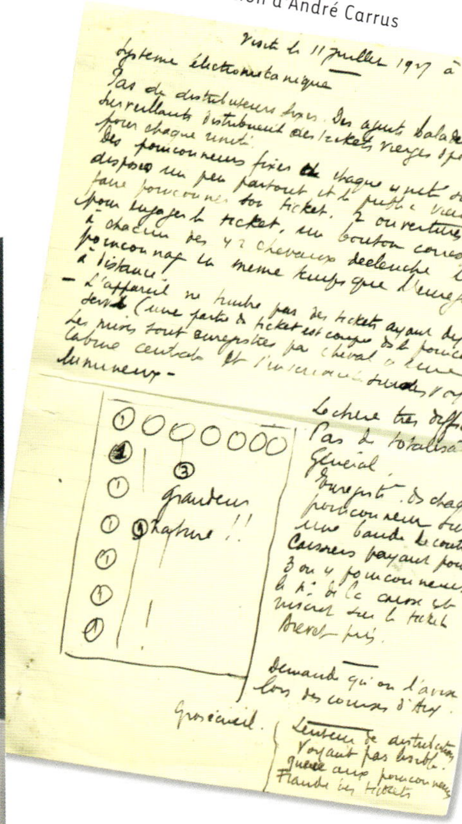

André Carrus,
inventeur du Tiercé

Brevet d'invention du système des bordereaux encochés

N° 554.531

MINISTÈRE DES AFFAIRES ÉCONOMIQUES

BREVET D'INVENTION

Le Ministre des Affaires Economiques,

Vu la loi du 24 mai 1854 sur les brevets d'invention ;

Vu la Convention d'Union pour la Protection de la Propriété Industrielle ;

Vu le procès-verbal dressé le 26 janvier 1957 *à* 12 *h.* 40

au greffe du Gouvernement provincial du Brabant;

ARRÊTE :

Article 1. — *Il est délivré à* Mr. André CARRUS,
30, rue des Petits Hôtels à Paris, (France),
repr. par MM. J. Gevers & Cie à Bruxelles,

un brevet d'invention pour : Procédé et dispositif pour l'enregistrement et la sélection de compétitions comportant un grand nombre de solutions possibles,

qu'il déclare avoir fait l'objet d'une demande de brevet déposée en France le 30 janvier 1956.

Impr. E. Heyvaert — 47.470

20F 7L 632924

20F 7L 632924

Article 2. — *Ce brevet lui est délivré sans examen préalable, à ses risques et périls, sans garantie soit de la réalité, de la nouveauté ou du mérite de l'invention, soit de l'exactitude de la description, et sans préjudice du droit des tiers.*

Au présent arrêté demeurera joint un des doubles de la spécification de l'invention (mémoire descriptif et éventuellement dessins) signés par l'intéressé et déposés à l'appui de sa demande de brevet.

Bruxelles, le 15 février 1957.

PAR DÉLÉGATION SPÉCIALE :
L'Inspecteur Général,
(S[é]) J. HAMELS.

Pour expédition certifiée conforme :

L. HERMANS,
Directeur du Service
de la Propriété Industrielle

Le succès du Pari Mutuel Urbain, bientôt baptisé PMU, est spectaculaire. Si, lors de sa première année de fonctionnement, le chiffre d'affaires du PMU ne représente que 13,8 % de celui enregistré sur les hippodromes, il s'élève à 78,3 % en 1938. Pour les sociétés de courses, le PMU surgit au bon moment. Il va leur permettre de juguler les effets de la crise économique des années 30.

En l'an 2000, quand le PMU célèbre son 70ème anniversaire, il a subi quelques interventions réglementaires. Mais seulement de la petite chirurgie destinée à modifier plus son aspect que son action. Ainsi par un décret du 4 octobre 1983, l'État lui a donné une personnalité juridique. Il est devenu un G.I.E. (Groupement d'Intérêt Économique) géré par les sociétés de courses sous la tutelle de l'État.

Au fil du long chemin parcouru, tout en améliorant la prise des paris traditionnels de base appréciés du monde hippique, le PMU a su créer des produits originaux destinés à une nouvelle clientèle prête à inclure le jeu dans son budget loisirs mais jusqu'alors indifférente aux courses. Le Tiercé en 1954 et le Quarté + en 1989 en sont les plus frappants témoignages. Aujourd'hui, il met une vaste gamme de paris à la disposition d'une clientèle rassemblant trois familles de parieurs : les réguliers (55 %), les occasionnels (40 %) et les spécialistes (5 %). Au service de tous ces parieurs, il offre des conditions de jeu sans cesse à la pointe du progrès.

Restaurants Barrière
Casinos Barrière
Lucien Barrière
Casinos Barrière
Lucien Barrière
Hôtels Barrière

Groupe Lucien Barrière
Hôtels Barrière
Casinos Barrière

LES RÈGLES DU JEU

Par Joël Mery, ancien directeur des opérations au PMU

Définir le Pari Mutuel est à la fois simple et complexe.
Simple lorsqu'il s'agit d'énoncer les principes de ce concept, plus compliqué lorsqu'il faut en expliquer les modalités de mise en œuvre.
La définition la plus synthétique et la plus judicieuse qui a été donnée du Pari Mutuel est celle de Jules Develle, ministre de l'Agriculture, lors de la discussion préalable à la promulgation de la loi du 2 juin 1891, texte fondateur de l'institution des courses de chevaux en France, toujours en vigueur.
« Le Pari Mutuel est celui qui est organisé par les sociétés de course d'une façon absolument désintéressée, par des sociétés qui n'ont pas à provoquer, à solliciter le pari, qui se borne à servir d'intermédiaire d'une façon en quelque sorte passive et mécanique recevant les enjeux et distribuant aux gagnants l'ensemble des mises.
Voilà ce qu'est le Pari Mutuel tel que nous l'entendons ».
Si l'on excepte l'interdiction de solliciter le pari qui n'est plus adaptée à notre époque où la publicité est indispensable au maintien d'une activité fortement concurrencée par d'autres formes de loisirs et de jeux, les principes énoncés par M. Develle sont toujours d'actualité.
On retiendra de cette définition deux idées fortes.

La première pose le principe de la position passive de l'organisation des paris qui n'est donc pas partie prenante dans leur réalisation.
Cette neutralité vis-à-vis des parieurs est le meilleur gage quant à la régularité des courses et des paris engagés sur celles-ci.
Peu importe en effet à l'opérateur qu'il y ait peu ou beaucoup de gagnants, que les gains soient élevés ou non.
La deuxième définit le concept même de « Pari Mutuel » en expliquant que les mises engagées sont redistribuées entre les parieurs gagnants, les perdants payant en quelque sorte les gagnants.
À travers ce texte est donc réfuté implicitement l'autre forme de pari auparavant tolérée, puis interdite en raison d'abus manifestes : le pari à cote fixe.
Avec celui-ci, le parieur engage un pari avec l'organisateur ou le bookmakeur. Ce dernier est actif, c'est-à-dire impliqué dans le pari et peut donc être tenté d'influer sur les résultats afin que ceux-ci lui soient favorables.
De multiples exemples dans le passé ont démontré que la tentation était grande et nombreux ont été ceux qui ont franchi le pas.
À la lecture de ce qui précède, le profane pourrait croire que

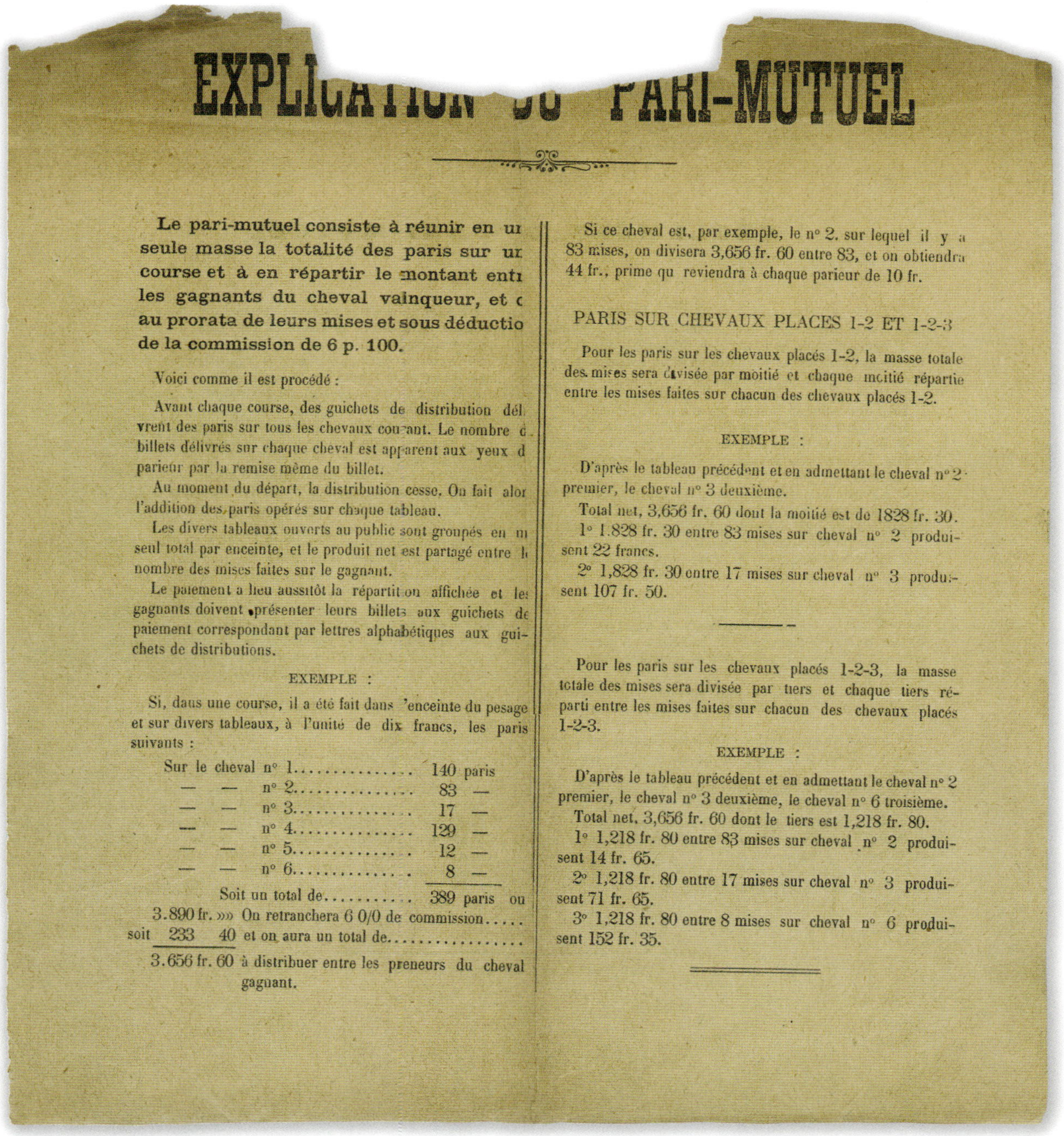

EXPLICATION DU PARI-MUTUEL

Le pari-mutuel consiste à réunir en u seule masse la totalité des paris sur u course et à en répartir le montant ent les gagnants du cheval vainqueur, et c au prorata de leurs mises et sous déductio de la commission de 6 p. 100.

Voici comme il est procédé :

Avant chaque course, des guichets de distribution dél vrent des paris sur tous les chevaux courant. Le nombre c billets délivrés sur chaque cheval est apparent aux yeux d parieur par la remise même du billet.

Au moment du départ, la distribution cesse. On fait alor l'addition des paris opérés sur chaque tableau.

Les divers tableaux ouverts au public sont groupés en u seul total par enceinte, et le produit net est partagé entre l nombre des mises faites sur le gagnant.

Le paiement a lieu aussitôt la répartition affichée et le gagnants doivent présenter leurs billets aux guichets de paiement correspondant par lettres alphabétiques aux guichets de distributions.

EXEMPLE :

Si, dans une course, il a été fait dans l'enceinte du pesage et sur divers tableaux, à l'unité de dix francs, les paris suivants :

Sur le cheval n° 1	140 paris
— — n° 2	83 —
— — n° 3	17 —
— — n° 4	129 —
— — n° 5	12 —
— — n° 6	8 —
Soit un total de	389 paris ou

3.890 fr. »» On retranchera 6 0/0 de commission.....
soit 233 40 et on aura un total de................
3.656 fr. 60 à distribuer entre les preneurs du cheval gagnant.

Si ce cheval est, par exemple, le n° 2, sur lequel il y a 83 mises, on divisera 3,656 fr. 60 entre 83, et on obtiendra 44 fr., prime qu reviendra à chaque parieur de 10 fr.

PARIS SUR CHEVAUX PLACÉS 1-2 ET 1-2-3

Pour les paris sur les chevaux placés 1-2, la masse totale des mises sera divisée par moitié et chaque moitié répartie entre les mises faites sur chacun des chevaux placés 1-2.

EXEMPLE :

D'après le tableau précédent et en admettant le cheval n° 2 premier, le cheval n° 3 deuxième.

Total net, 3,656 fr. 60 dont la moitié est de 1828 fr. 30.

1° 1.828 fr. 30 entre 83 mises sur cheval n° 2 produisent 22 francs.

2° 1,828 fr. 30 entre 17 mises sur cheval n° 3 produisent 107 fr. 50.

Pour les paris sur les chevaux placés 1-2-3, la masse totale des mises sera divisée par tiers et chaque tiers réparti entre les mises faites sur chacun des chevaux placés 1-2-3.

EXEMPLE :

D'après le tableau précédent et en admettant le cheval n° 2 premier, le cheval n° 3 deuxième, le cheval n° 6 troisième.

Total net, 3,656 fr. 60 dont le tiers est 1,218 fr. 80.

1° 1,218 fr. 80 entre 83 mises sur cheval n° 2 produisent 14 fr. 65.

2° 1,218 fr. 80 entre 17 mises sur cheval n° 3 produisent 71 fr. 65.

3° 1,218 fr. 80 entre 8 mises sur cheval n° 6 produisent 152 fr. 35.

Réglement du Pari Mutuel

les modalités de traitement ne sont pas très difficiles : on accumule des mises, on en déduit le prélèvement pour les différents attributaires, puis on répartit les mises entre les gagnants.
Pour résumer, quelques additions, une soustraction, une division et le tour est joué !
En fait, plusieurs évolutions majeures ont concouru à rendre ce traitement de plus en plus complexe. On en citera quelques-unes : l'élargissement de la gamme des paris, leur sophistication, la banalisation des réunions de courses simultanées, le besoin grandissant d'informations des parieurs afin d'affiner leur choix.
Enfin, la nécessaire exactitude des traitements, les sommes en jeux étant devenues considérables, tout ceci dans un contexte sécuritaire qu'il faut sans cesse améliorer.
Ceci explique pourquoi la gestion des paris nécessite aujourd'hui les moyens informatiques les plus avancés.
La première action dans la chaîne de traitement des paris est le recueil auprès des sociétés de courses du programme des courses, c'est-à-dire la liste des chevaux devant prendre le départ.
Ce programme, après bien évidemment un contrôle rigoureux,

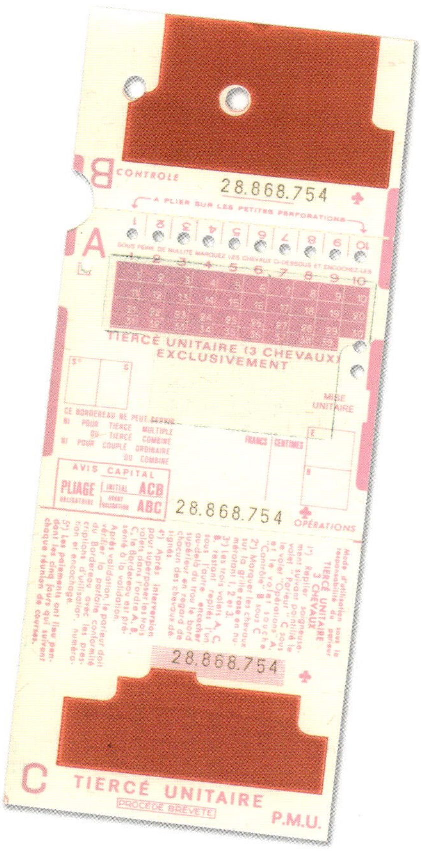

alimentera les différents systèmes de diffusion de l'information et de traitement des paris, des médias qui l'enrichissent de leurs prévisions et commentaires, ainsi que les organismes qui gèrent les paris à l'étranger en utilisant le support des courses françaises. Cette liste sera mise à jour au fur et à mesure du déroulement des opérations en fonction des événements qui pourront avoir une incidence sur les paris : chevaux déclarés non-partants, remplacement d'un jockey ou d'un driver, etc.
Le programme des courses étant diffusé, l'enregistrement des paris peut alors commencer. Il va se dérouler dès la veille de l'épreuve jusqu'aux instants qui précèdent le départ de celle-ci.
Les moyens à la disposition des parieurs pour engager leurs paris se sont diversifiés au fil du temps. Pendant longtemps, ils devaient avoir recours aux services d'un guichetier qui délivrait des tickets pré-imprimés.
On passe ensuite à des bulletins marqués traités manuellement puis automatiquement.
Il a été possible ensuite de parier par téléphone et récemment par Internet ou par l'intermédiaire de bornes libre-service dans certains lieux dédiés.
Après le recueil des paris, intervient une phase délicate, celle de l'arrêt des ventes déclenché peu avant le départ de la course, permettant ainsi d'annuler durant un cours laps de temps la dernière transaction en cas de désaccord sur le montant ou le libellé du pari.
Passé ce délai, l'enregistrement est définitivement clos.
Cette commande d'arrêt des ventes est extrêmement sûre, les images des courses étant maintenant diffusées en direct, et protège ainsi les parieurs de clients indélicats qui tenteraient de miser au moment du départ. Des sécurités importantes ont donc été mises en place pour se prémunir de ce genre de mésaventure qui porterait fortement atteinte à la crédibilité de l'opérateur et pénaliserait l'ensemble des parieurs (il ne faut pas oublier que nous sommes dans un contexte de Pari Mutuel).
L'arrivée de la course, dès qu'elle est connue, est prise en compte avec des sécurités équivalentes. Une erreur, notamment de saisie ou de transcription, entraînerait automatiquement des traitements inexacts et donc des gains à régler erronés.
La phase de recherche des gagnants est lancée dès confirmation de l'arrivée, c'est-à-dire dès validation de celle-ci par les commissaires de course sur l'hippodrome. Elle consiste à compiler l'ensemble des mises gagnantes et à les identifier pour les valoriser lorsque le rapport aura été calculé.
Ce rapport qui est le résultat de la division de l'ensemble des mises à partager par le nombre de mises gagnantes n'est pas un gain contrairement à ce que pensent certains. C'est un quotient. Pour obtenir le gain, il devra donc être multiplié par le nombre de mises réellement engagées par le parieur (par 3 si la mise minimale est de 3 euros, par 6 si le parieur a doublé sa mise).
Il est à noter que lorsque les enjeux de plusieurs pays sont fusionnés

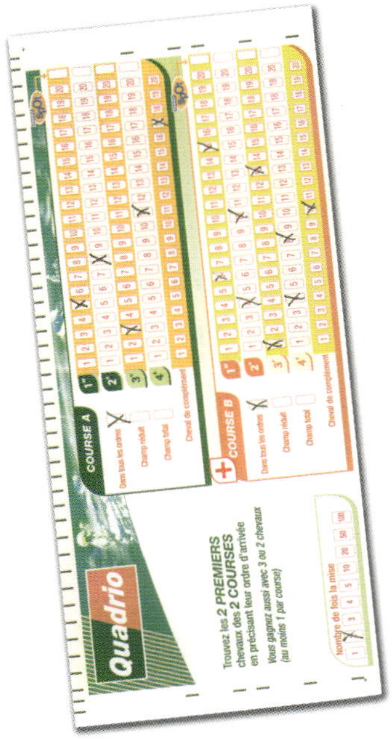

pour constituer une « masse commune », l'ensemble des mises recueillies ainsi que celles gagnantes doivent être converties en une seule monnaie, en générale celle du pays où se déroule la course. Le rapport ne le sera pas puisqu'il s'agit d'un multiplicateur unique qui sera affecté aux mises des parieurs gagnants souscrites dans la monnaie de leur pays.
Le rapport obtenu, il est alors possible de valoriser chaque pari gagnant et de procéder à un contrôle élémentaire : la somme des paris gagnants augmentée de la totalité des prélèvements effectués (fiscaux, ou au titre des frais de gestion des sociétés de courses et de l'opérateur, doit être égale à la totalité des mises engagées.
Il est alors possible de procéder au règlement des parieurs gagnants sur présentation de leur récépissé qui doit être identifié puisque le paiement peut se faire en tout lieu, puis invalidé après prise en compte. Pour les paris recueillis par téléphone ou via Internet le gain sera porté au crédit du compte du client.
Il est impératif que ce paiement soit assuré dans les délais les plus courts possible. Le parieur subordonnant souvent l'engagement de nouveaux paris dans les courses suivantes à la perception de ses gains sur les courses précédentes.

Compte tenu de l'émergence des réunions dites simultanées et de la cadence du déroulement des courses dont les durées sont variables selon leur distance, le délai de mise en paiement devient crucial notamment en cas d'incident de fonctionnement.
Ainsi se terminent les traitements du jour. Une autre grande phase interviendra dans les jours qui suivent : la consolidation de toutes les données à des fins comptables et de contrôle.
Il en découlera le règlement aux différents bénéficiaires des prélèvements effectués sur les enjeux clôturant ainsi les opérations réunion par réunion, pari par pari.
La description de ces mécanismes pourra paraître un peu ardue, mais que le lecteur se rassure... elle ne traite que les cas généraux et n'aborde pas les cas particuliers pourtant très nombreux : chevaux arrivant ex-aequo, traitement de paris comprenant des chevaux non-partants, modification de l'ordre chronologique du déroulement des courses, réunions annulées ou reportées, présence de gagnants dans un seul pays pour les paris en « masse commune ».
Enfin ne sont pas évoquées (pour des raisons évidentes) les sécurités mises en place afin de déjouer les tentatives de fraude, tout au moins de les déceler si elles surviennent. L'imagination des hommes étant dans ce domaine sans limite, nul ne peut prétendre qu'il est à l'abri de ce genre de désagrément...
En conclusion, j'aurai atteint mon but si le lecteur qui connaissait peu ou mal cette activité, après avoir lu ces quelques pages, jette un autre regard sur le sympathique café-tabac-PMU du coin, premier maillon d'une chaîne qu'il était loin d'imaginer.

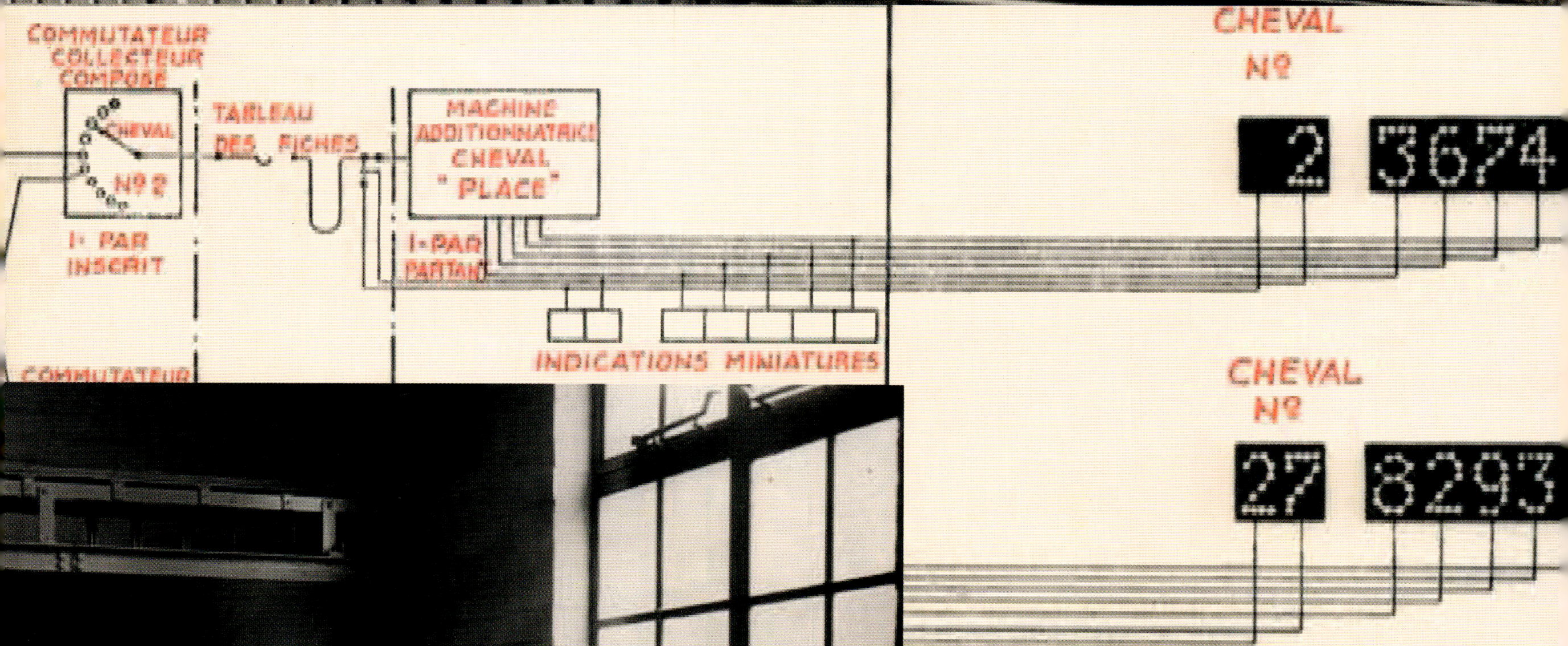
COMMUTATEUR COLLECTEUR COMPOSÉ
CHEVAL Nº 2
1 PAR INSCRIT
TABLEAU DES FICHES
MACHINE ADDITIONNATRICE CHEVAL "PLACE"
1 PAR PARTANT
INDICATIONS MINIATURES
COMMUTATEUR
CHEVAL Nº
2 3674
CHEVAL Nº
27 8293

PLACE POOL
GRAND TOTAL
PLACE DIVIDEND INDICATOR CONTROL

N
Nº DIVIDEND TO 2/- INCLUDING STAKE
RESULT
d. s. £ Nº
RACE Nº
TIME-SECS
WIN POOL
DIVIDEND
DOG WIN
DOG
RESULT DIVIDEND TO 2/- INCLUDING STAKE
Nº £. s. d.
1 WIN PLACE
2 PLACE
3 PLACE
Nº WIN PLACE
Nº WIN PLACE
Nº WIN PLACE
2/- WIN & PLACE
2/- WIN & PLACE
TOTALS
2/- WIN & PLACE
2/- WIN & PLACE
TOTE A MANUEL
NS2052
CHANGE GIVEN

DE LA PINCE À LA PUCE

Par René Ville, ancien directeur technique de PMC

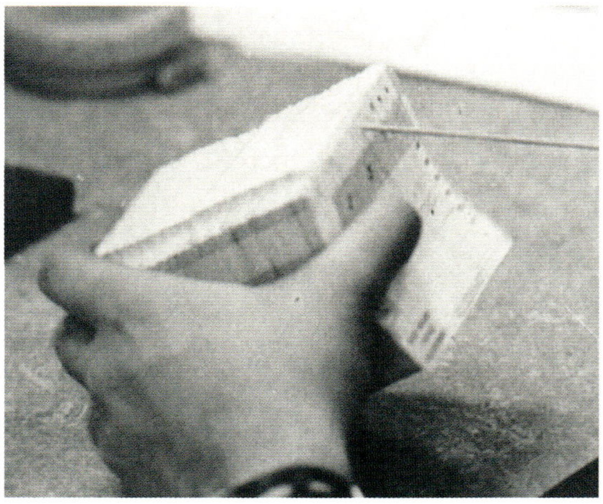

Au début, le tout manuel...

Dès 1865, c'est d'abord naturellement sur l'hippodrome que Joseph Oller organise la prise de paris où il n'est pas question de totalisateur ou de terminaux de saisie puisque tout se fait à la main. À l'époque, ni les télécommunications, ni les moyens de saisie et de centralisation ne permettaient une quelconque automatisation. Pourtant, les pionniers ont montré que l'on pouvait mettre le Pari Mutuel à portée de la plus grande masse, sans avoir recours à la technologie. Le premier système de Pari Mutuel est constitué de blocs-compteurs, l'équipement mobile d'un guichet pesant 300 kg. Quelques années plus tard,en 1888, Albert Chauvin, après avoir été salarié pendant quelques mois du Pari Mutuel Oller, démissionne et dépose le brevet d'un système qui est bientôt reconnu comme plus rapide et plus sécurisé que le système Oller. En 1891, les deux tiers des Sociétés de Courses feront appel à sa compagnie. Bien plus tard, en 1952, le système manuel Chauvin sera amélioré par André Carrus, son gendre, et Pierre et Jacques Carrus ses petits- fils, afin, notamment, de pouvoir être plus facilement transporté d'un hippodrome à l'autre.

Enfin, en 1957, trois ans après le lancement du pari Tiercé et alors que celui-ci connaît un développement considérable, André Carrus met au point, toujours avec ses fils, un bel exemple de système à activité répartie et à traitement différé, système qui permet de traiter principalement les paris collectés dans les réseaux de paris pris en avance.

Le bordereau encoché à volets carbonés, la pince à encocher, la valideuse à main, les aiguilles à trier ont servi les turfistes du dimanche matin pendant plus de 30 ans. Entièrement manuel jusqu'en 1987, le réseau du PMU en France devait sa réussite à une organisation rigoureuse.

Indicateur principal, Royal Ascot

Acheminer et dépouiller les données à temps, éviter les erreurs, déjouer les tentatives de fraude, tel était le challenge journalier. Le bon déroulement des opérations dépendait de nombreuses procédures destinées à fiabiliser la longue chaîne des interventions humaines. Vendre dans toute la France et acheminer quinze millions de bordereaux puis les trier manuellement pour extraire les payables et calculer les rapports en huit heures, sans oublier les contrôles, témoigne de la compétence et de la cohésion d'équipes motivées. En termes de systèmes d'information, la granularité garantissait la continuité du service, à l'abri de la panne générale, avec un ratio performance / coût enviable. D'ailleurs, pendant les grandes grèves de 1968, le Tiercé n'a jamais failli.

Il est d'ailleurs intéressant de souligner qu'avant l'ère informatique, la méthode de tri des bordereaux encochés s'appuyait sur un système binaire : lorsque le bordereau n'était pas encoché, l'aiguille à tricoter pénétrait dans le trou (0) et le bordereau restait retenu par l'aiguille. Lorsque le bordereau comportait l'encoche (1), le bordereau tombait.

Pendant ce temps, on voyait apparaître les systèmes mécaniques et électromécaniques...

En 1913, G. Julius met au point le premier totalisateur automatique au monde à Auckland avec 30 terminaux. Plus tard, il fonde la société Australienne A.T.L (Automatic Totalisator Limited). Le totalisateur est principalement constitué d'unités électromécaniques additionneur-compteur-afficheur, à raison d'une unité par cheval et par pari, capables de cumuler chacune plusieurs centaines de mises à la seconde. Un additionneur met en œuvre un ou plusieurs axes dotés de trains d'engrenages coniques épicycliques mus par des ressorts hélicoïdaux. Le mouvement de ces engrenages est déclenché par des roues à échappement, leur commande électromagnétique est excitée, via un scanner électro-mécanique, par la sélection d'un numéro de cheval sur l'un des terminaux de vente. En 1928, ATL déploie son totalisateur sur l'hippodrome de Longchamp. Avec 270 terminaux, c'était le site le plus important jamais automatisé. Les terminaux ATL, qui jusqu'alors ne pouvaient prendre qu'un type de pari par guichet, ont été adaptés pour vendre des tickets Gagnant ou Placé sur la même machine. Développés par ATL, ils ont été fabriqués en France sous son contrôle.

Molette de validation, 1888

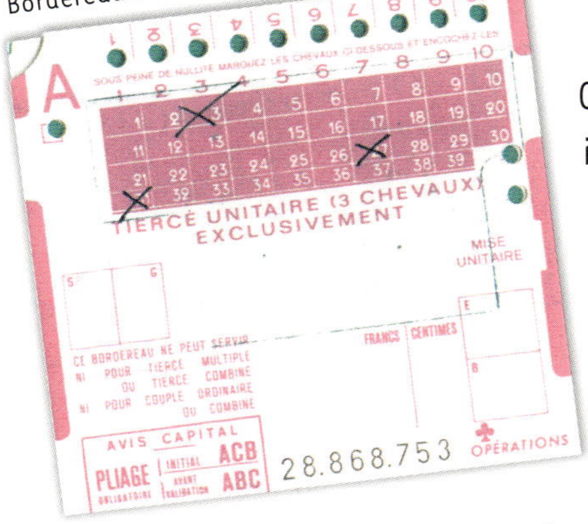

Bordereau encoché

Ce totalisateur restera en exploitation jusqu'en 1973, année où il sera remplacé par le système embarqué de la société PMC (Périphériques et Matériels de Contrôle), premier système « sell&cash » automatisé au monde.
Hors de l'Hexagone, des totalisateurs fonctionnant avec les concepts de G. Julius étaient encore en exploitation dans les années 1980.

Arrivent les relais électromagnétiques...

Si le Pari Mutuel n'a pas fait appel, dès son apparition vers 1930, à cette technologie lourde et finalement plus lente que les dispositifs électromécaniques de l'époque, il va en revanche s'appuyer sur le relais reed sous ampoule scellée. Plus rapide que le relais classique, son temps de propagation est proche de la milliseconde, il est plus fiable, moins encombrant, moins gourmand en énergie. Les relais reed auraient connu un essor important sans l'arrivée du transistor.
La société anglaise Bell-Punch a développé des totalisateurs à relais reed capables d'enregistrer des paris en temps réel. Plusieurs sites importants ont fonctionné avec cette technologie notamment au Brésil et en France.
La société française SEPMO (Société d'Exploitation du Pari Mutuel Oller), fondée en 1949 par les successeurs de Joseph Oller, installe et exploite à Auteuil de 1966 à 1987 un totalisateur à relais reed et 500 terminaux électromécaniques Bell-Punch. À son installation, il cumulait les mises des paris Gagnant et Placé dans des compteurs électromagnétiques, à raison d'un compteur par numéro de cheval, par type de pari et par unité de base.
Par ailleurs, 6 baies de compteurs et un perforateur de bande recevaient les enjeux des terminaux dédiés au pari Jumelé (unitaire et champ). Un ensemble, lecteur de bande et unité de traitement, permettait l'exploitation de cette bande.
Deux cellules de camions, équipées avec des unités à relais reed et des compteurs, desserviront les trois hippodromes parisiens d'Enghien, Maisons-Laffite, Saint-Cloud et neuf hippodromes de province, avec des terminaux Bell-Punch. Ces unités mobiles acceptent aussi le pari Jumelé, un mini-ordinateur étant utilisé pour extraire les mises payables de la bande perforée.

Puis le transistor...

En 1960, le monde industriel amorce le passage de l'électronique du vide à l'électronique du solide. Les transistors de commutation

destinés aux circuits logiques entrent en production industrielle. Leur délai de propagation est inférieur à la micro-seconde. DEC (Digital Equipement) commercialise son premier mini-calculateur transistorisé.
Fin 1964, sur l'hippodrome de Vincennes, la Compagnie du Pari Mutuel Chauvin teste un totalisateur électronique et les premiers terminaux enregistrant les paris de combinaison en temps réel. Le système central avait été initialement développé par une firme suédoise pour ses terminaux de distribution à touches TIM (Ticket Issuing Machine) qui acceptaient seulement les paris unitaires Gagnant et Placé. En 1967, l'automatisation est étendue à l'ensemble de l'hippodrome. Le totalisateur avait été adapté, à l'initiative de la CPM, pour piloter ses propres terminaux self-service SSM capables d'automatiser la saisie des paris simples et des formules de combinaison des paris Jumelé et Triplet, jusqu'à 7 chevaux, en lisant et en validant des formulaires encochés par les parieurs, à l'image des encochés du PMU qui ont fait le succès du Tiercé. Ce système unique au monde permettait de résorber complètement la file d'attente des cinq dernières minutes. À cette époque, l'informatique balbutiante ne pouvait pas encore rivaliser. Les parieurs venaient nombreux sur les hippodromes. L'ambiance y était chaude. Les encombrements de circulation entre halls et piste ajoutés à l'attrait de la cote affichée en temps réel laissaient peu de temps pour jouer. Il fallait faire vite ! Les performances n'avaient rien à envier aux systèmes modernes. Le délai maximum d'attente en crash-test, impression des récépissés incluse, restait inférieur à 1 seconde.

Totalisateur à transistors, Vincennes, 1967

L'ère des circuits intégrés et le développement de la mini-informatique...

L'avènement des circuits intégrés, introduits par Texas Instruments en 1959, fait émerger une informatique légère avec les mini-ordinateurs. Dès 1968, PMC, issue de la Compagnie du Pari Mutuel, recherche les moyens les plus appropriés pour constituer une chaîne complète de traitement du Pari Mutuel incluant l'automatisation de la vente et du paiement. Deux modèles de terminaux sont conçus avec les circuits intégrés, l'un pour la vente, l'autre pour le paiement. Pour imprimer les récépissés, PMC conçoit un procédé original d'impression électronique à tête fixe, sans organe de frappe mécanique, sans ruban encreur, sans asservissement mécanique. Un récépissé de 15 cm est imprimé au vol en 200 millisecondes. Le procédé met en œuvre un support papier initialement destiné à la NASA qui voulait un substrat stable pour conserver des messages,

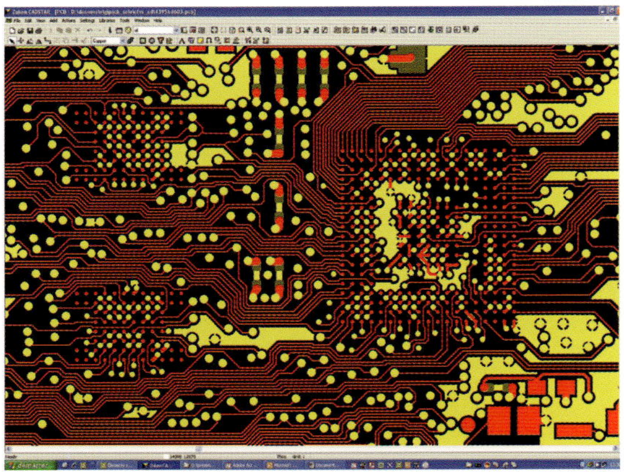

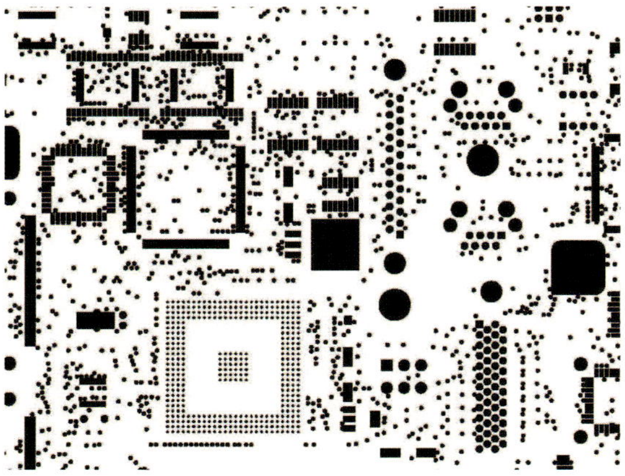

imprimés et enfouis sous terre, destinés aux habitants de la Terre dans 10 000 ans !

La conception de terminaux entièrement électroniques répondait à des impératifs précis qui ne pouvaient être satisfaits avec les matériels existants : automatiser le paiement en imprimant un identifiant sur chaque récépissé lisible par un lecteur optique, repousser les tentatives de fraude encore trop nombreuses avec les équipements antérieurs, contrôler automatiquement la conformité des informations transcrites sur le récépissé avant de le mettre en circulation, imprimer rapidement, banaliser le support de transaction et les terminaux.

En 1972, PMC met en service le premier système de Pari Mutuel entièrement automatisé, unité centrale et terminaux, capables d'effectuer les opérations de vente et de paiement en temps réel. Tous les guichets peuvent enregistrer l'ensemble des types de paris simples et de combinaisons, jusqu'au Quarté. Les hippodromes d'Evry, Longchamp, Deauville et Chantilly bénéficieront successivement de ce système.

Les premiers microprocesseurs...

En 1972, La société Intel (Integrated Electronics), créée en 1968, commercialise le premier microprocesseur 8 bits.

En 1974, PMC conçoit et présente le premier terminal de Pari Mutuel mixte (sell&cash). Ce terminal, conçu autour du microprocesseur Intel 8008, gagne le concours technique de 1975 pour un marché d'études au Canada (Ontario Jockey Club). Cette confrontation eut l'inconvénient de stimuler les concurrents américains déjà en place qui, en 1977 et 1979 présenteront des terminaux « sell&cash » reprenant plusieurs innovations des matériels PMC.

En août 1976, ce même terminal est installé sur les hippodromes de trot et de galop de San Siro à Milan. La presse italienne titre : « Il tot di San Siro è il migliore del mondo ». Les types de paris acceptés sont : Gagnant, Placé, Jumelé, Double gagnant et Double jumelé avec échange, avec champs et combinaisons. Le système central est installé sous les tribunes de l'hippodrome du trot et pilote alternativement les deux hippodromes. Il est constitué de deux ordinateurs dotés chacun de 256 Ko de mémoire à semi-conducteurs et de disques à cartouches amovibles de 5 Mo.

Terminal « sell & cash » PMC 1110

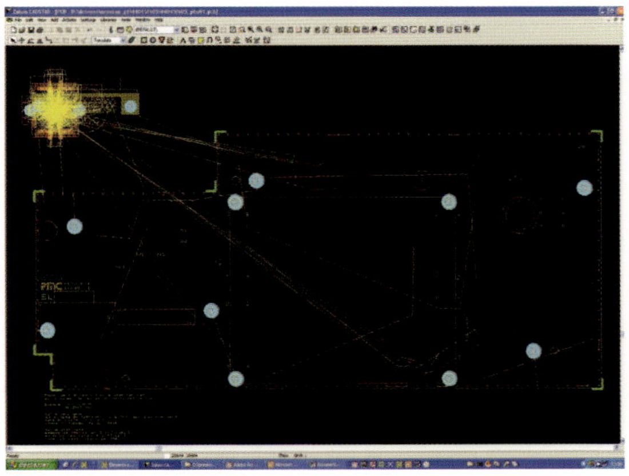

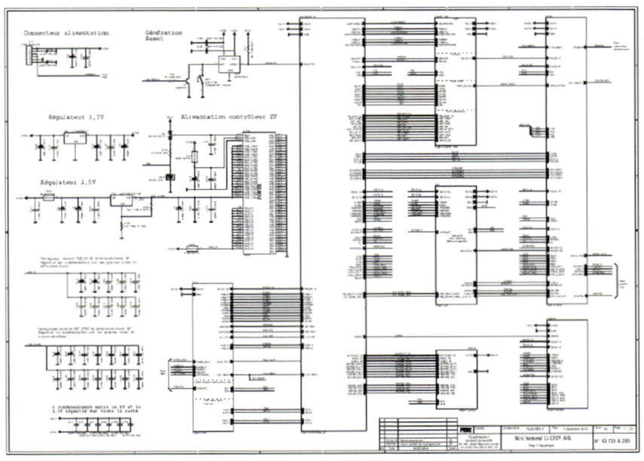

Les logiciels développés sous système temps réel multitâches sont en partie écrits en Fortran. Un seul ordinateur peut maintenant gérer les opérations de vente et de paiement des terminaux mixtes en même temps qu'il calcule les rapports probables et définitifs.
La capacité du système est de 150 terminaux « sell&cash ».
Les interfaces de pilotage des lignes, entre ordinateurs et terminaux, constituées de multiplexeurs frontaux développés autour des nouvelles cartes CPU Intel 8080, n'occupent plus qu'une fraction d'armoire.
En parallèle, PMC développe un synthétiseur vidéo numérique pour afficher, sur réseau TV, les informations destinées au public (rapports probables et définitifs, informations diverses) et une régie digitale 3 canaux, conçue autour du microprocesseur 8008, pour piloter les synthétiseurs.
Le terminal PMC pèse plus de 40 kg, avec le module électronique et son clavier, la double imprimante de récépissés, le lecteur de récépissés, l'imprimante de caisse, l'afficheur client.
En 1977, le fabricant de microprocesseurs INTEL choisit la photo du terminal PMC pour la 1ère de couverture de son rapport annuel d'activités.

Pendant ce temps là, dans le monde...
Les opérateurs de Pari Mutuel aux États Unis et en Australie suivront la voie ouverte par PMC.
Ainsi, AmTote, créée en 1933, devenue filiale de General Instruments, installe en Allemagne courant 1974 son premier système capable de gérer des terminaux distincts de vente et de paiement. Amtote déploie en 1977 ses premiers terminaux « sell&cash » sur l'hippodrome de Greenwood au Canada. En 1986, AmTote présente une borne self-service qui lit les formulaires remplis par le parieur ainsi que les tickets payables et émet des récépissés et un voucher (chèque-pari) portant le solde du compte du parieur.
AutoTote (Automatic Totalisator), filiale à l'époque de la société australienne ATL, introduit en 1979 son premier terminal « sell&cash », puis, en 1986, une borne self-service à écran tactile couleur United Tote créée en 1954 sous le nom de United Totalisator, dans l'état du Montana par Lloyd Shelhamer, est renforcée en 1979 par des transfuges d'AmTote. Cette nouvelle équipe spécifie le système Microtote 1000. Le terminal sell&cash édite ses récépissés sur du papier électrosensible. Dans les années 1980, United Tote réalisait environ 20 % du marché des enjeux aux États-Unis avec 25 hippodromes sur un total de 120.

Terminal STAR 2012, 1994

En 1989, United Tote achète AutoTote. Mais un procès antitrust l'oblige à céder AutoTote avec une partie de ses activités dont celles du Microtote 1000
En 1994, la société française SEPMO (Société d'Exploitation du Pari Mutuel Oller) passe sous le contrôle d'AutoTote et devient AutoTote France.
En 2000, AutoTote achète Scientific Games (S.G.I.) ; le groupe prend le nom de Scientific Games Corporation. ILTS (International Lottery & Totalizator Systems), fondée en 1978 sous le nom d'ITS, installe ses premiers terminaux « sell&cash » en Suède, en Finlande, en Norvège, en Australie et à Hong Kong. Ces terminaux seront aussi installés en France en 1982, sur l'hippodrome de Cagnes-sur-Mer, après avoir été customisés par la SEPMO.
En 1986, ILTS est entré sur le marché des loteries on-line. Aujourd'hui, elle diversifie ses activités avec ses systèmes et machines à voter.

ATL, le précurseur australien

C'est en fin 1972 qu'ATL installe son premier système informatisé, à base de mini-ordinateurs, sur les hippodromes de San Lazaro et Santa Ana aux Philippines. Les terminaux encore largement électromécaniques ne permettaient pas l'automatisation des paiements. Ce n'est qu'au début 1979 qu'ATL installe à Brisbane son premier système automatisant la vente et le paiement, avec des terminaux connectés via une ligne multipoints sur des mini-ordinateurs

PARIS-TURF - SPORT-COMPLET — 6-12-82 —

...mbre important de guichets ...atisés n'empêchent pas des ...eues impressionnantes...

L'INFORMATIQUE AU SERVICE DU PARI MUTUEL

Un reportage réalisé par Jean-Noël GONTIER

DEPUIS 1966, l'informatique s'est mise au service des courses japonaises, mais son implantation a été progressive dans un premier temps, laissant encore une large part aux interventions traditionnelles.

Au moment où le Japon connaissait une forte période de croissance économique, l'industrie des courses avait besoin de se mettre au diapason et, sous l'impulsion de la J.R.A., le «Computer System» s'est rapidement développé. Il gère aujourd'hui tous les résultats des courses, le personnel, les informations sur les chevaux, le con... épreuves, des centres ... et bien

Il existe aussi des agences à Tokyo dont celle de Korakuen que nous avons choisi d'étudier plus en détail.

L'agence de Pari Mutuel Urbain de Korakuen est située sur un stade de base-ball et, bien que les lieux soient vastes, elle est souvent congestionnée recevant en moyenne 110.000 visiteurs par jour ! La recette journalière moyenne est également élevée (5.454.000 U.S. dollars), mais ces chiffres de fréquentation et de recette peuvent être multipliés par deux un jour de pointe comme celui du Derby... Il est vrai que le Korakuen Stadium est accueillant, avec ses terrains de base-ball, ses restaurants son parc pour enfants et son accès facile (train et ... de métro).

... remarquera le faible ...

Des années 80 au numérique...

À partir du début des années 1980, la puissance des processeurs doublera tous les 18 mois, suivant en cela la loi de Moore. La miniaturisation permettra vite d'obtenir, dans un volume correspondant à une boîte d'allumettes, les performances du premier totalisateur de Vincennes qui occupait 15 armoires et comprenait plus de 50 000 transistors.
Les télécommunications, qui n'offraient pas jusqu'alors un rapport performances/coûts compatible avec la

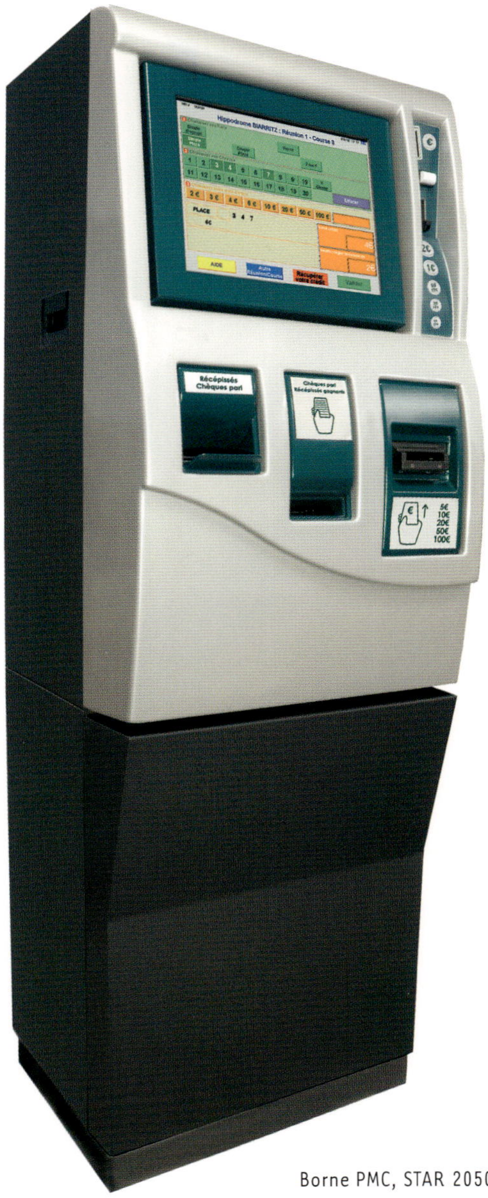

Borne PMC, STAR 2050

qualité exigée en matière de temps de réponse et de continuité de service, vont également connaître des avancées considérables partant des liaisons analogiques sur ligne galvanique pour aller jusqu'aux liaisons numériques sous protocole IP en passant par les réseaux téléphoniques à commutation de circuits, par les réseaux à commutation de paquets (X25), par les réseaux numériques à intégration de service (RNIS), sans parler des réseaux sans fil type WI-FI, GPRS, WiMax,...
Tous les protagonistes techniques de la « filière Pari Mutuel » ont opportunément su proposer les outils permettant aux opérateurs d'améliorer leurs performances tant commerciales que sécuritaires et économiques, en s'appuyant sur l'heureuse conjugaison de ces progrès éblouissants.
Citer l'ensemble des produits développés par chacun d'eux au cours de ces 25 années relèverait d'un inventaire à la Prévert...
Retenons seulement que ce sera dans le courant des années 80, que les paris collectés en dehors des hippodromes, que ce soit par le PMU en France, par l'OTB (Off Track Betting organisation) dans l'état de New York, par le TAB (Totalisator Agency Board) en Australie ou encore le HKJC (Hong Kong Jockey Club) en Chine, seront automatisés, respectivement par PMC, AM TOTE, ATL et ILTS.
Un quart de siècle plus tard, ces mêmes opérateurs en sont à leur 3ème génération de systèmes alors que chacun d'eux avait gardé le même système manuel ou électromécanique pendant les 40 à 50 années précédentes. La veille technologique reste une culture profondément ancrée chez les développeurs de systèmes de pari mutuel qui sont, par essence même, une application naturelle des NTIC (Nouvelles Technologies de l'Information et de la Communication). C'est ainsi, par exemple, que les premiers écrans plats importés en Europe le furent par PMC pour ses terminaux, bornes et tablettes à écran tactile proposés sur le marché à partir de 1994.

Aujourd'hui, l'union vertueuse entre la puissance des ordinateurs et la capacité des moyens modernes de transmission sert la démarche de convergence des réseaux. La mutation se poursuit, elle fait déjà fi des frontières. À l'exemple de la musique, l'important n'est pas le contenant mais l'attrait du contenu et la manière d'encourager ceux qui le créent. Espérons que les moyens techniques et multimédia réussiront à rapprocher le public du spectacle vivant, en sachant communiquer cette ambiance particulière à l'hippodrome qui ne peut

être mieux vécue qu'en ces lieux magiques. Que les réseaux soient fixes ou mobiles, satisfaire l'envie irrésistible de jouer en temps réel sur les champions planétaires s'imposera. Mondialisation et vidéo y aideront. Est-ce un progrès ? Les grands constructeurs mondiaux de systèmes de Pari Mutuel, souvent eux-mêmes opérateurs, ne répondront pas à cette question mais parieront gagnant sur l'ouverture. Demain, le cortège des services offerts grâce à l'imagination humaine et à la convergence des technologies fera oublier qu'il n'en fut pas toujours ainsi.

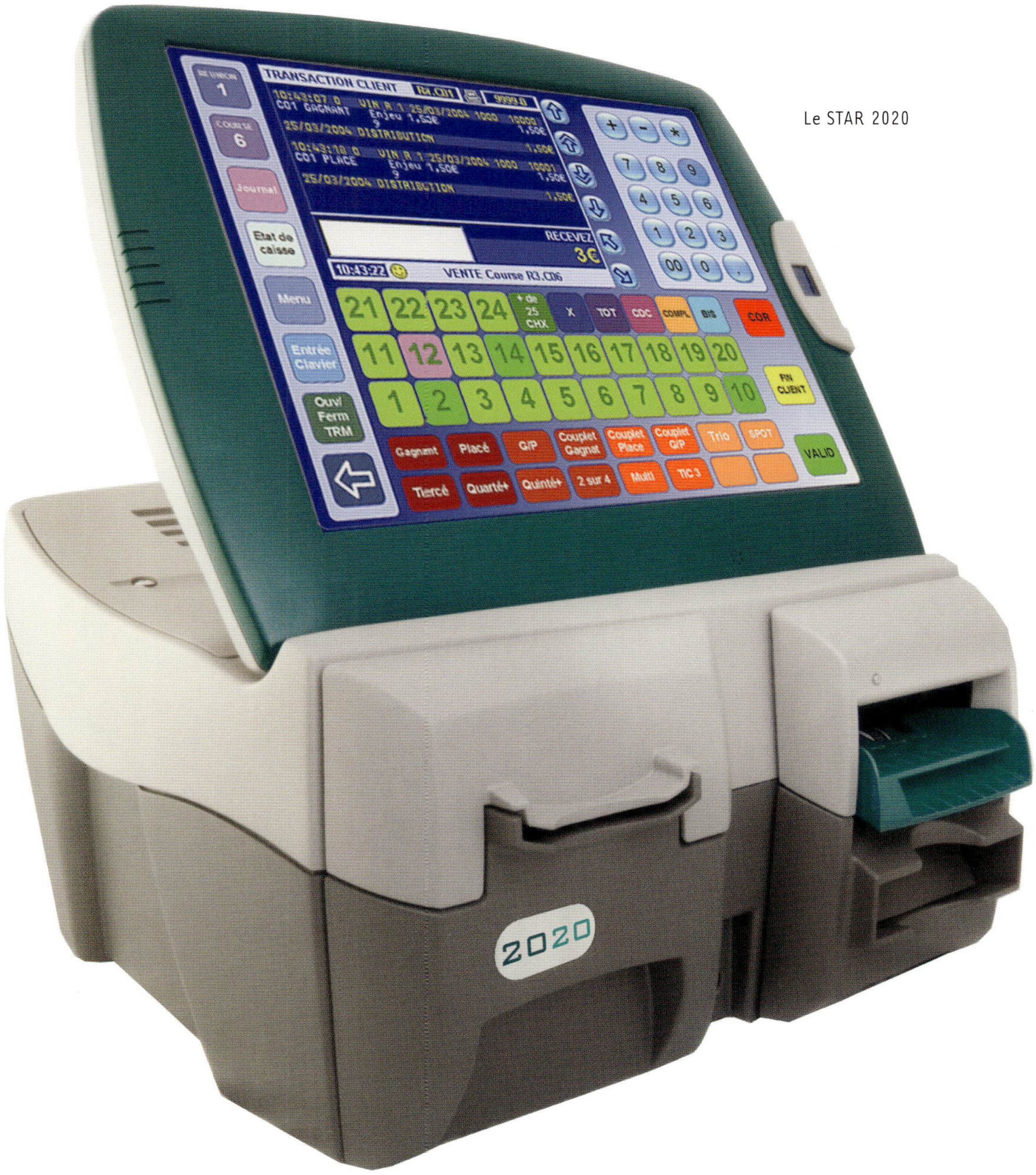

Le STAR 2020

Racing Post Sunday, October 1, 2006
Continued from page 49
2 Sep Haydock
24 Aug York
13 Aug Curragh
14 Jul Newmarket (July)
Reverence
E J Alston (GB)
Placings: 210111-31410511
OR116
Dionisia

Cumin
Ikat
B W Hills (GB)
D Sepulchre

TOUS EN COURSE

Par Emmanuel Roussel, journaliste hippique

Le peintre William Frith doit sa renommée outre-Manche à ses portraits de la société victorienne au milieu du XIXème siècle. Un de ses tableaux les plus connus, au même titre que des scènes à la gare ou sur un bord de mer, est Derby Day, exposé pour la première fois en 1858. On y reconnaît un large panorama social de l'époque, où se retrouvent les riches négociants, la société aristocratique, des artistes, des ouvriers, des mendiants et même des pickpockets, tous réunis dans un même espace, au milieu de la pelouse d'Epsom le jour du grand classique créé en 1780.
Le choix de cette scène n'est pas le fait du hasard. Les hippodromes, le jour du Derby plus que tout autre, étaient dans cette société là des lieux ouverts à tous, où chacun côtoyait les autres classes sociales. Les courses étaient alors généralement organisées sur les Downs, c'est-à-dire des terrains communaux, libres d'accès.
C'est la raison pour laquelle, par exemple, un camp de gitans s'installait sur le site les jours précédant la grande course pour se mêler ensuite à la foule, y vendre des colifichets, des porte-bonheur et autres fruits de leur artisanat.
Cet œcuménisme n'a pas tout à fait survécu, dans la mesure où l'accès aux enceintes a été progressivement soumis au paiement d'un droit d'entrée sélectif, au même titre que les stades. Cependant, les champs de courses demeurent propices à l'évanouissement, même artificiel, des barrières sociales.
Un dimanche à Longchamp, par exemple, est un des rares environnements dans lesquels l'Aga Khan sera apostrophé par

Hippodrome d'Auteuil

Melting-pot
à Vincennes

un modeste parieur, et pourra naturellement lui répondre.
Dans un autre ordre d'idée, le jour de la clôture du Grand National du Trot à Vincennes, chaque année au mois de décembre, est le théâtre de retrouvailles bon enfant entre les parieurs parisiens et les supporters provinciaux, venus en nombre soutenir leurs champions sur la piste. On y retrouve l'espace d'une après-midi la foule du Salon de l'Agriculture.
D'où vient cette propension de l'hippisme à mélanger, aujourd'hui encore, les genres et les gens ? Du sport, au sens large du terme, mais aussi du jeu qui a toujours été lié à l'hippisme.
La consultation de volumes du Sport Universel Illustré, ancêtre de L'Équipe, nous apprend que jusqu'aux années 1900, ce qui correspond à peu près à la montée en puissance des Sports Olympiques (dont la première célébration sera organisée à Athènes en 1896), et jusque dans l'entre-deux-guerres, l'hippisme était le sport par excellence. Un sport bourgeois, certes, au même titre que la chasse ou la voile par exemple, mais public : on ne concevait plus d'organiser des courses à huis clos. Le public, et le jeu, accompagnaient immanquablement les manifestations de ce type.
Or, le pari offre bien autre chose que la seule perspective d'un gain immédiat de monnaie. C'est un sésame. Le turfiste qui décide de miser son argent sur le membre d'une écurie, qu'il s'agisse d'une casaque royale ou des couleurs plus bariolées d'un simple commerçant, adhère pour le temps de la course, voire d'une carrière entière, à cette équipe. Un courtier en chevaux de courses dit un jour que le grand génie des courses, c'était la casaque.
Au même titre que le maillot de son équipe de football favorite, une casaque représente non seulement un nom, mais également

Numéro du « Sport Universel Illustré » consacré aux courses
1er juillet 1896

En dehors de *Biscuit,* qui est tombée boiteuse pendant la course, les douze autres chevaux qui composaient le champ du Grand Steeple-Chase s'étaient si souvent rencontrés depuis le 15 février, ils s'étaient si régulièrement battus à tour de rôle, que leur nouvelle rencontre n'offrait vraiment rien qui pût passionner. Que l'un ou l'autre gagnât, un seul fait restait acquis : tous étaient parfaitement médiocres.

Photo Delton.
AUTEUIL. — GRAND STEEPLE-CHASE. — 2me SAUT DE LA RIVIÈRE.

C'est donc *Valois* qui, cette fois, s'est trouvé devant les autres. On avait jusqu'ici attribué ses défaites à son manque de tenue, et c'est précisément sur la distance la plus longue qu'il réussissait, enfin, à gagner sa course. La lenteur du train peut, en partie, expliquer ce résultat; le cheval de M. Wysocki a été, en outre, monté avec beaucoup plus de patience que d'ordinaire. On l'avait amené trop tôt jusqu'alors. Cette fois, il n'est venu qu'après le dernier tournant, en pleine possession de ses moyens. Son courage lui a permis, dans sa lutte très sévère avec *Centauresse,* de prendre finalement sur le poteau un avantage d'une demi-longueur. *Times, Moulinois* et *Astarac* finissaient, loin des deux premiers, en tête des autres égrenés. *Feuillage* était tombé au premier saut de la rivière.

Le père de *Valois, Bay-Archer,* a régulièrement donné, comme *Saxifrage,* père de *Centauresse,* des chevaux d'obstacles utiles, résistants et sautant très franchement. On doit donc, à ce titre, être satisfait du résultat de la grande course d'Auteuil.

La victoire du cheval de M. Wysocki a, en outre, été très bien accueillie ; le propriétaire de *Valois* a toujours fait courir ses chevaux avec une rectitude qu'on serait heureux de voir adopter par plusieurs de ses confrères; il apporte dans le choix de ses chevaux un soin raisonné dont, la veine aidant, il est presque toujours récompensé ; il se fait enfin un plaisir de vous engager à profiter des « bonnes choses » qu'il espère. C'est, en somme, un excellent et loyal garçon, auquel on pardonne volontiers son exubérance et ses parti-pris.

Il avait acheté *Valois* 11,000 francs, aux ventes de

AUTEUIL. — L'ESCALIER DES TRIBUNES.

certaines valeurs, au propre comme au figuré, du reste. On disait au début du siècle dernier que de miser sur un Rothschild valait mieux que de mettre son argent à la caisse d'épargne, tant les résultats des chevaux qui dépendaient des écuries des banquiers étaient réguliers et sûrs. Sans tergiverser sur l'honnêteté des caisses d'épargne de l'époque, les effets des scandales de l'emprunt franco-russe, du Canal de Panama et de l'affaire Stavisky, l'existence d'un tel dicton signifie bien qu'une casaque peut porter une réputation, au même titre qu'une équipe de sport collectif. Or, en pariant sur un cheval, et sur le « maillot » que porte son jockey, on confond ses intérêts avec celui du propriétaire : pour un temps, l'un comme l'autre désirent la victoire du concurrent, l'encouragent s'il y a lieu, et se réjouissent en cas de succès ou se morfondent en cas de défaite. Lorsque la course est gagnée, le nanti et le turfiste célèbrent ensemble la réussite. Or jadis, le chemin qui menait de la piste aux balances empruntait l'enceinte publique. Soudain, le propriétaire du Derby Winner, lord ou pas, menait lui-même son représentant sous les hourras de ses preneurs.

Effervescence dans les écuries avant le départ du prix d'Amérique

Bien que seul en selle, le jockey
porte les couleurs d'une équipe

Quid des perdants ? Ils s'échinent en général à trouver des circonstances atténuantes à leur favori battu - la course s'est mal déroulée, le jockey, cet allié incertain, n'a pas bien monté, le terrain n'est pas à la convenance du pur-sang, etc. Il existe toute une encyclopédie de l'excuse en matière d'hippisme, dont les entrées ne tarissent jamais. Les explications possibles et imaginables d'une mauvaise course pourraient alimenter un forum de discussion jusqu'à la fin des temps.

Faute, néanmoins, d'une bonne excuse, et pour peu qu'on fasse preuve de bonne foi, la défaite est parfois simplement normale. Elle signifie que quelqu'un s'est trompé. Le parieur, évidemment, qui n'a pas correctement jugé la qualité de son favori, et le propriétaire, qui a été mal conseillé ou a surestimé son cheval. Il est alors le premier visé. Plus il est riche et puissant, plus il est ridicule : comme tout le monde, ce puissant-là peut se « gourer ». Il est comme chacun de nous et cela rassure le public, cela peut humaniser jusqu'au roi. Un dicton anglais illustre ce propos : « Nous sommes égaux sur le turf, et en-dessous ». Le turf, c'est la pelouse sur laquelle les chevaux s'affrontent, et par extension le sport hippique tout entier. Autrement dit, nous sommes tous égaux devant le résultat des courses, comme après notre trépas.

Or, les arrivées sont par définition incertaines. Elles reposent en effet surtout sur la performance d'un animal fantasque, imprévisible, susceptible de grands progrès comme de subits revirements, et surtout silencieux. Son comportement, plus que celui d'un athlète humain, se prête donc au jeu de l'hypothèse, et soumet

Aux courses,
le succès se partage

Grand jockey ou petit parieur,
chacun sa victoire !

volontiers à l'erreur. Si l'on met sa fierté (ou plus communément son argent, puisque les premiers matches entre chevaux donnaient lieu à des paris particuliers entre ses propriétaires et leurs amis) en jeu dans la prestation d'un cheval, on prend un risque. Celui de perdre. C'est une des vertus du sport en général. Or, tout le monde n'est pas capable de pratiquer le sport hippique. Cela suppose une certaine forme physique et une constitution particulière. Le portrait des riches propriétaires de l'époque victorienne, et une certaine imagerie de la population bourgeoise, offrent la vision d'hommes souvent âgés, ou simplement lourds, pour lesquels une pratique sportive de haut niveau semble condamnée. Le cheval corrige cela. Par son intermédiaire, le gros bourgeois peut courir à la vitesse du vent, battre le prince ou le bellâtre, le jeune, le sportif, sentir enfin la bouffée d'enthousiasme que procure la victoire, une poussée d'adrénaline décrite encore à tous les niveaux par la plupart de ceux qui ont eu la joie de voir leurs couleurs triompher.

Le parieur, lui aussi, vit cette joie par procuration. Le pari hippique est un jeu à part entière. Chaque peloton est une somme d'hypothèses, qui se combinent en véritable casse-tête dans

Affiche publicitaire,
Hippodrome de la Capelle, 1954

l'établissement d'un pari. Lorsqu'on joue un cheval gagnant, ce qu'il y a de plus simple dans la gamme des mises possibles, on suppose un comportement de sa part, mais aussi celui de tous ses adversaires, en plus d'une quantité de facteurs extérieurs dont il faut tenir compte. Les courses sans le jeu est une pratique antidémocratique. Le produit des prélèvements sur les enjeux (notamment au Pari Mutuel) permet de financer toute la filière.
Si les courses n'étaient pas dotées, seuls les très riches prendraient éventuellement la peine d'y participer, en finançant eux-mêmes les programmes.
Cela revient à organiser des paris de façon exclusive et détournée. La population, ou plutôt le public, en serait réduite à assister à ces rencontres de façon totalement passive, sans aucun moyen de participer. Cette situation existe dans certains pays, qui ne sont d'ailleurs pas des démocraties. Les États-Unis aussi ont prohibé les jeux au début du XXème siècle. Le seul effet de cette prohibition méconnue est d'avoir déplacé l'activité des éleveurs-propriétaires américains en Europe, et en particulier en France. Ils auraient pu continuer d'organiser des rencontres sur les pistes de New York, par exemple, mais à quoi bon se mesurer sans partager sa joie de vaincre ?
La rétribution des courses permet à des propriétaires modestes d'espérer rentabiliser leur investissement, au moins de percevoir une partie de leur investissement.
Sans ces allocations, tous les bons chevaux seraient concentrés dans les mains de quelques écuries super puissantes qui n'auraient rien d'humain, de proche.
Les courses sans paris, c'est la condamnation de toute connivence.
Aujourd'hui, d'autres modes de paris sportifs se développent, dans le monde et en France : sur le football, le tennis, la formule 1, etc. Le parieur moderne peut donc se substituer à une équipe, à un athlète, à une voiture. Il lui manque toutefois un facteur unique, le cheval.
Autrefois commodité domestique ou utilitaire, cet animal est devenu un symbole de beauté, de nature et de liberté pour la plupart d'entre nous, et en particulier pour nos enfants. Le fait que l'on puisse miser de l'argent sur un tel symbole peut froisser certains

Hommage au vainqueur

On attend tous
le développement
d'une photo-finish

de ses admirateurs. Cela peut se comprendre. On doit pourtant constater que l'hippisme est une activité dans laquelle la beauté du cheval s'exprime particulièrement. L'élevage des pur-sang et des trotteurs participe en outre à la préservation de la nature dans nos régions. Enfin, même entre deux brancards ou soumis à l'acharnement d'un jockey, le cheval de courses demeure un être libre : libre de tout nous donner, et de tout nous reprendre.

Trot et Galop : un monde de différences

En France, le programme des courses est réparti entre deux disciplines très différentes l'une de l'autre : le trot et le galop. Chaque allure a sa tradition, son monde et ses règles propres. Le galop a précédé le trot dans les annales de l'hippisme parce qu'il allait de soi : un cheval atteint le maximum de sa vitesse au grand galop, une allure naturelle qui lui permettait, à l'état sauvage, d'échapper à ses prédateurs. Lorsqu'au XVIIIème siècle, les Anglais se sont les premiers concentrés sur un élevage spécifique à la course au galop, en croisant des pur-sang arabes, des barbes et des étalons orientaux à des juments désignées pour cette activité par leurs qualités propres, ils ont créé le pur-sang (le Thoroughbred, dont la traduction la plus exacte est « élevé dans les règles »), la race la plus rapide au monde. Les courses à cette époque ont vite été considérées comme le « sport des rois », en raison de l'intérêt que leur portait la noblesse britannique. Les coûts qu'entraînaient l'entretien d'un élevage et d'une écurie dès les premiers

Drivers lancés sur la piste
de Vincennes, entre-deux-guerres

Trotteurs en action

balbutiements de l'activité ont, de fait, limité l'hippisme aux plus fortunés. Ainsi, toute la tradition du galop, sur tous les continents, a été façonnée par les aristocraties et les grandes bourgeoisies locales. En France, les aristocrates français ont ramené de leur exil britannique, après les parenthèses révolutionnaire et impériale, le goût pour la course au galop, avant que celle-ci ne prenne réellement son essor sous le Second Empire. Les nantis trouvaient ainsi un moyen pacifique de s'affronter par fortunes et chevaux interposés. L'Empire anglais a jeté sur ses colonies les bases d'une activité hippique partout où il s'est étendu. Inspirés du programme classique anglais (le Derby d'Epsom demeurant la référence au niveau mondial), les calendriers se sont tous organisés sur le même modèle, ce qui a par la suite facilité les échanges internationaux. C'est ainsi que l'Amérique puis l'Australie et la Nouvelle-Zélande sont devenus des terres d'élevage où s'exportaient parfois des étalons européens. Parallèlement, un sport plus amateur s'est développé : l'obstacle. Au croisement de la chasse à courre et de la course dite plate, il permettait à des « cavaliers du dimanche », des militaires et des dandys de s'affronter en selle sur des parcours variés, d'un clocher à l'autre (traduction littérale de Steeple-Chase). Progressivement soumis à un encadrement comparable à celui des épreuves de plat, l'obstacle a néanmoins continué de privilégier un certain amateurisme, notamment avec le patronage de l'armée côté français, et des chasseurs à courre sur les Îles Britanniques.

À un tour de l'arrivée,
tout est encore possible

Grand Steeple-chase de Paris, Auteuil 1896

Même si des hippodromes proches des grandes villes, comme Liverpool, Auteuil ou, pour l'anecdote, Saint-Ouen et Colombes, ont su organiser les principales rencontres dans la spécialité, c'est en province que demeurait le terreau le plus favorable à l'obstacle.
Si là aussi, beaucoup d'aristocrates et de grandes fortunes se mesuraient dans les programmes, les gentlemen-farmers de France et de Grande-Bretagne ont pris une p ace importante dans ce nouvel establishment.
Le développement du trot tient à des conditions radicalement différentes du galop, plat comme obstacle, mais aussi à des situations sociales et géographiques très disparates.
Aux États-Unis, par exemple, le trotting s'est organisé dès la fin du XVIIIème siècle en réaction au sport pratiqué par les occupants anglais, puis dans les états du sud. L'attelage léger était monnaie courante chez les premiers colons nord-américains, qui se mesuraient ainsi comme on le ferait aujourd'hui au volant de sa voiture banalisée d'un village à l'autre, au retour du sermon à l'église. L'élevage s'est constitué autour d'une seule discipline : le mile (1 609 mètres) à l'attelage. Cette particularité a donné le Standardbred, le « trotteur standard », conçu pour parcourir cette distance le plus vite possible au trot ou à l'amble. Plus abordable et populaire que le galop, le trot américain a prospéré dans tous les états de l'Est et du Middlewest.
Cette race de trotteurs, la plus aboutie en raison de la standardisation de ses critères de sélection, a apporté la vitesse nécessaire à tous les autres cheptels dans le monde, y compris à la Russie Soviétique, qui importait des étalons standardbreds jusqu'aux heures les plus sombres de la Guerre Froide.

La France est sans doute le pays qui a le plus longtemps résisté à cet attrait. Le trotting français a été porté sur les fonts baptismaux par l'Armée et les Haras Nationaux. La première recherchait une race de chevaux à plusieurs usages susceptible d'améliorer l'efficacité de la cavalerie et de la logistique. Il fallait des animaux robustes, capables de couvrir de longues distances avec de lourdes charges en un minimum de temps. En résumé, il fallait des chevaux pour tirer des canons et des vivres, mais aussi porter des cuirassiers sur le champ de bataille et d'un front à l'autre.
Le trot monté avait donc une place de choix dans les programmes qui se sont développés en Normandie à partir des années 1830, puis à Vincennes, où l'on a d'abord pratiqué l'obstacle. Cette structure très encadrée explique sans doute le côté très administratif et bon marché du trotting jusqu'à aujourd'hui en France. C'est également dans ce contexte qu'est née une race spécifique, le « Trotteur français », dont le stud-book est demeuré globalement fermé aux apports de sang étranger, sauf pendant quelques périodes au gré des orientations politiques et des besoins de renouvellement génétique. À cet égard, c'est une exception mondiale.

Le stade de Vincennes

Trotteur dans la brume...

Le trot en France est une activité fondamentalement rurale. Cela tient à la rusticité des animaux, à leur faible prix (sans concurrence internationale, le marché est demeuré franco-français) et au fait que très longtemps, au monté comme à l'attelage, le poids des drivers et des jockeys n'a pas été déterminant. Chacun pouvait donc s'improviser entraîneur et pilote.

Aujourd'hui, les trois disciplines sont pratiquées en France à un très haut niveau de professionnalisme, et les organisations qui président à leurs destinées s'entendent sur l'essentiel. Toutefois, les traditions et la société propre à chacun sont demeurées.

Les structures du trot et du galop divergent dans leur approche. Les premières sont plus portées sur la ruralité et une répartition sociale des ressources tandis que les secondes prônent l'élitisme et les échanges internationaux, en particulier en plat. La population de Vincennes le jour du Prix d' Amérique est plus populaire et rurale que celle du Grand Steeple-Chase de Paris à Auteuil, lui-même plus provincial et francophone que celui du Prix de l'Arc de Triomphe à Longchamp.

Et c'est très bien ainsi.

La pérennité des ressources

La richesse des courses en France tient à leur diversité, mais aussi à un système de redistribution qui lui est propre. Le Pari Mutuel est devenu la seule méthode légale de paris hippiques dans notre pays en 1891. Cette année-là, pour écarter du circuit les bookmakers et les opérateurs indélicats, l'État a décrété que seules les sociétés des courses pouvaient organiser la prise de paris et en recueillir les fruits. En prélevant une part forfaitaire sur l'ensemble des enjeux, les hippodromes et les pouvoirs publics, qui ne s'étaient pas oubliés dans cette affaire, se dotaient des moyens nécessaires à l'amélioration des races de chevaux. Lorsque le Pari Mutuel Urbain est né en 1931, ces enjeux pouvaient être pris sur l'ensemble du territoire, et non plus seulement sur les champs de courses.
De quelques agences disséminées çà et là dans les plus importants centres-villes aux 9 400 points de vente aujourd'hui dépositaires de la marque PMU, le fruit de ces enjeux a considérablement augmenté. Le développement de paris à forts dividendes, sur le modèle du Tiercé (1954) et jusqu'au Quinté+ (1989), a aussi garanti la popularité d'un mode de jeu jusqu'alors concentré sur le seul jeu gagnant. En permettant, pour une mise très faible, d'accéder à des fortunes potentielles, le Tiercé et ses dérivés ont vulgarisé le pari hippique.
Le modèle français est aujourd'hui envié par beaucoup d'autres pays. Tous n'ont pas une culture hippique aussi développée que la nôtre, ou un système de redistribution aussi exclusif. La première est en train de changer de nature, le cheval étant désormais davantage perçu comme un animal de compagnie, ou d'éveil. Le second pourrait être mis à mal par une libéralisation des jeux en Europe. Cependant, grâce au système de Pari Mutuel en vigueur depuis 116 ans, le PMU est le seul opérateur hippique en Europe capable de proposer des tirelires de plusieurs millions d'euros sur un événement. Il gère un réseau de prise de paris sans équivalent sur le continent, de la borne sur point de vente à Internet.
Grâce à la pérennité des ressources, les courses françaises font partie des mieux dotées au monde, et elles ont permis l'organisation d'un élevage parmi les plus productifs.
En somme, la France hippique est bien armée pour répondre à la libéralisation tant redoutée.

UNE FILIÈRE ÉQUITABLE

Par Michèle Guyot, ancien contrôleur d'état en charge des courses au Ministère du Budget

L'économie des courses hippiques
Les paris hippiques, qu'ils soient enregistrés sur l'hippodrome (PMH) ou hors les hippodromes (Pari Mutuel Urbain dit PMU) font partie des jeux autorisés et réglementés par les pouvoirs publics qui effectuent, comme pour les autres jeux (Française des Jeux et casinos), un prélèvement sur les mises au profit du Trésor Public. Toutefois, sur une échelle plus large que les autres jeux, ils engendrent nombre d'activités et, par voie de conséquence, d'emplois.

En effet, ces paris sont fondés sur des compétitions qui constituent à la fois un spectacle et un exploit sportif associant les chevaux à leurs cavaliers (les jockeys) ou conducteurs (les drivers). Certaines de ces compétitions sont prestigieuses comme, par exemple, le Prix de l'Arc de Triomphe ou le Prix d'Amérique, d'autres sont plus modestes mais toutes réclament une préparation méticuleuse et une organisation rigoureuse. Le traitement des paris n'est que la phase terminale d'une activité qui commence avec l'élevage, le dressage et la sélection des chevaux, se poursuit avec leur entraînement à la course et la formation

Un pari aujourd'hui...
peut-être un emploi pour demain

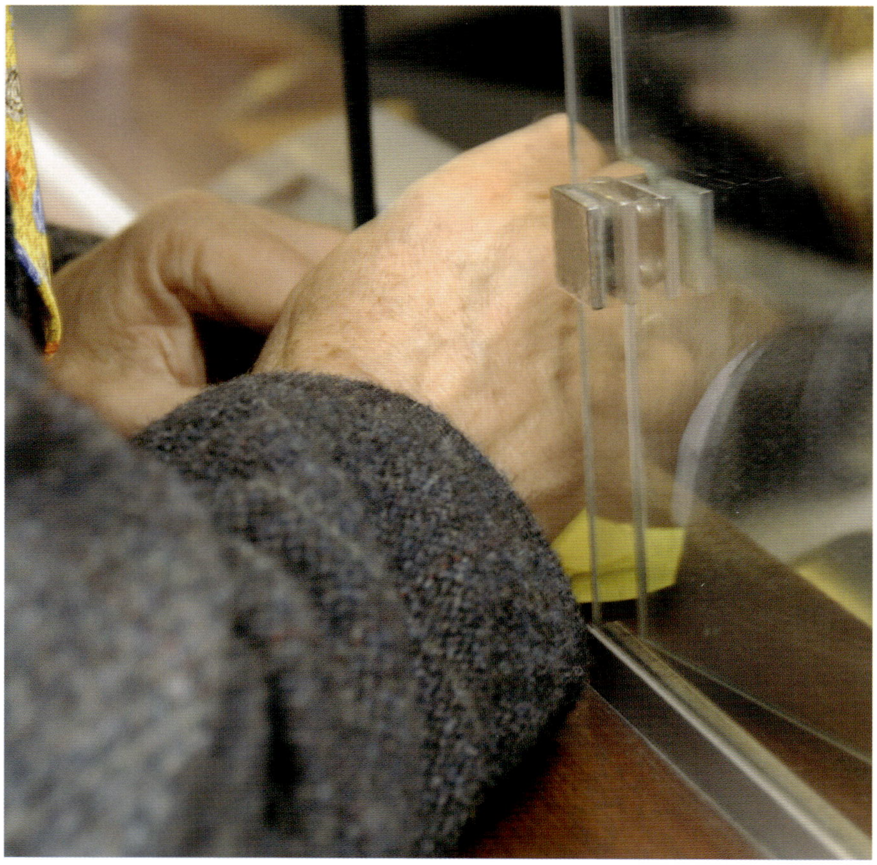

d'un personnel spécialisé à cette fin, continue par l'organisation des courses et l'accueil du public sur les hippodromes et aboutit à la prise et au traitement des paris. L'ensemble de ces activités représente environ 62 000 emplois directs et indirects dont 35 000 concernant les courses. Pour en assurer la cohérence économique et la cohésion sociale, un faisceau d'institutions a été mis en place.

Cet ensemble est, pour une large part, financé par les jeux. Outre les prélèvements et impôts publics, 14,1 % en moyenne au PMU, les enjeux font l'objet d'un prélèvement réservé aux sociétés organisatrices, dont le taux varie selon la nature du jeu. Il est, en effet, modeste pour les paris simples qui s'adressent, en règle générale, à des parieurs bons connaisseurs du mon de hippique qui recherchent des gains réguliers mais d'un rapport relativement modeste, et plus élevé pour les paris de combinaison, où intervient l'aléa mais qui peuvent offrir de gros rapports. C'est avec ces prélèvements que les sociétés de courses sont en mesure de faire fonctionner une filière que, de ce fait, il paraîtlégitime d'examiner d'aval en amont.

Entraineur
avant la course

Répartition du CA du PMU (en millions d'€)

Années	Gains des parieurs	Prélèvement Public et autres attributions	Solde Brut des jeux	Charges net de fonctionnement	Solde Net Revenant aux Sociétés de courses
2003	5 049	1 058	914	453	461
2004	5 478	1 104	975	459	516
2005	5 826	1 143	1 041	475	566

Sources :
Sociétés de courses, FNCF

Les prises de paris

Sur l'hippodrome, le recueil des enjeux et le calcul des gains, qui s'effectuaient tout d'abord manuellement, ont pu être automatisés au fur et à mesure que les techniques enregistraient des progrès, ce qui a permis aux matériels français de s'exporter et a largement facilité la mise en place du matériel informatique que le PMU a installé lorsque l'essor des télétransmissions l'a permis. Les sociétés parisiennes, qui organisent quotidiennement des courses sur l'un ou l'autre des hippodromes de la région, disposent en commun d'un personnel permanent de quelque 180 personnes à temps plein et 190 à temps partiel, auquel s'ajoutent des vacataires lors des réunions les plus importantes. Les sociétés de province ont recours à une société de service qui utilise, pour la plus grosse part, des vacataires. Au total, le traitement des paris sur les hippodromes représente plus de 300 emplois à temps plein. Jusqu'au milieu des années 80, les paris enregistrés hors les hippodromes, qui se présentaient sous forme de cartes perforées par le parieur, étaient ramassés par des coursiers et traités manuellement. Ceci conduisait à limiter les points de vente, le nombre de sociétés de courses fournissant le support des paris (pour le plus gros, les sociétés de courses parisiennes et les sociétés affiliées à celles-ci) et le nombre des « événements » (paris composés qui étaient alors essentiellement les tiercés).

Il y a cent ans en Espagne

De nos jours en France...
Plus d'un siècle au service du parieur

L'informatisation de l'ensemble du système, rendue possible par le développement de l'informatique et des télécommunications, a permis de multiplier les points de vente de diversifier et de densifier les formes de paris (les quintés par exemple) et d'autoriser plus d'une soixantaine de sociétés de courses de province à participer périodiquement au PMU.

L'évolution des techniques a conduit également à multiplier les vecteurs complémentaires, et notamment la prise de paris par Internet et par la télévision interactive, qui constituent aujourd'hui près de 6 % du chiffre d'affaires global.
Le PMU est un Groupement d'Intérêt Économique qui réunit les 51 sociétés de courses autorisées à organiser au moins une réunion de courses PMU ; il supporte des charges nettes de fonctionnement qui ont atteint, en comptant l'amortissement d'un matériel informatique coûteux, 475 millions d'euros en 2005 avec un personnel de 1 400 personnes auquel s'ajoute l'équivalent

Parieurs faisant le papier, traders étudiant le cours de la bourse.
La réussite est une affaire de connaissance et d'analyse

« Avec l'ensemble des informations glanées dans la presse j'aboutis à une synthèse, qui constitue ma note pour l'avenir, que je réactualise régulièrement. J'y consigne mes chevaux préférés. C'est ma liste rouge. Un peu comme un portefeuille de valeurs de Bourse. »
Extrait de *Gagnant ! Portrait d'un parieur professionnel*, Mayeul Caire, éditions du Rocher

de plus de 18 000 emplois à temps plein dans les points de vente. Les sociétés de courses disposent donc, pour organiser et rémunérer les compétitions, de plus de 54 % du montant des prélèvements, auquelx s'ajoutent un peu plus de 100 millions d'euros pour le Fonds commun de l'élevage et des courses.

L'organisation des courses
Qu'il s'agisse des courses quotidiennes ou des grandes rencontres, l'organisation de ces courses suppose que soient assurés en permanence l'entretien des hippodromes, des pistes, l'accueil des « acteurs » et du public. Au préalable, les sociétés devront avoir défini le calendrier et les prix réservés aux premiers arrivants de chacune d'entre elles.

Les sociétés de courses sont regroupées au sein de la « Fédération Nationale des Courses Françaises » qui traite des activités générales communes aux deux spécialités trot et galop, fournit une aide aux sociétés de province à travers le Fonds commun de l'élevage et des courses, traite, pour la province, les problèmes de contrôle antidopage et certaines œuvres sociales et est également chargée de la gestion du Fonds Éperon qui constitue une contribution des sociétés de courses au cheval de sport, de loisir et de travail. Le nombre de sociétés de courses est de 242, dont deux dans les départements d'Outre-Mer, Martinique et Guadeloupe, mais 41 d'entre elles n'organisent qu'une réunion par an, 83 deux à trois réunions et seules 18 sociétés de province organisent entre 21 et 70 réunions annuelles.
Les sociétés de courses parisiennes que l'on appelle sociétés-mères parce qu'elles sont appelées, entre autres, à définir les règles pour l'ensemble de la discipline et à coordonner les relations de leur spécialité avec leurs homologues étrangers, à savoir *France Galop* pour les courses au galop et la Société d'Encouragement à l'Élevage du Cheval Français (trot), emploient un personnel à plein temps ainsi qu'un personnel commun qui forme le Groupement Technique des Hippodromes Parisiens, pour l'entretien des pistes et des bâtiments, la gestion des entrées et des parkings et la logistique des courses, et un Laboratoire des Courses Hippiques chargé, en premier lieu, des analyses liées au contrôle antidopage. Ces deux activités représentent 280 emplois à temps plein pour le GTHP et une cinquantaine pour le LCH. En outre, les deux sociétés possèdent, pour 47,5 % de chacune d'entre elles (5 % pour le PMU), la chaîne

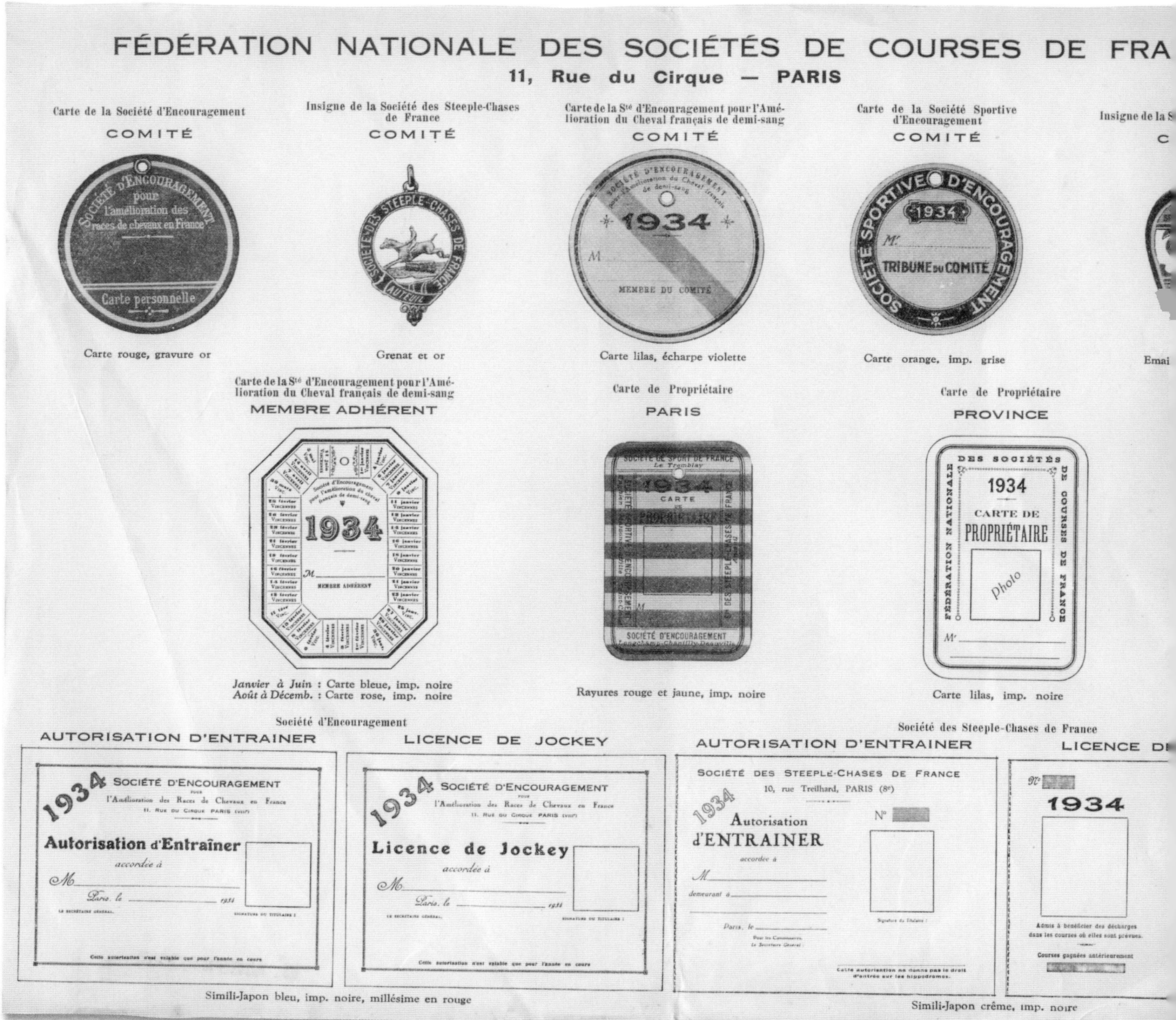

Archive de la Fédération Nationale des Sociétés de Courses de France, 1934

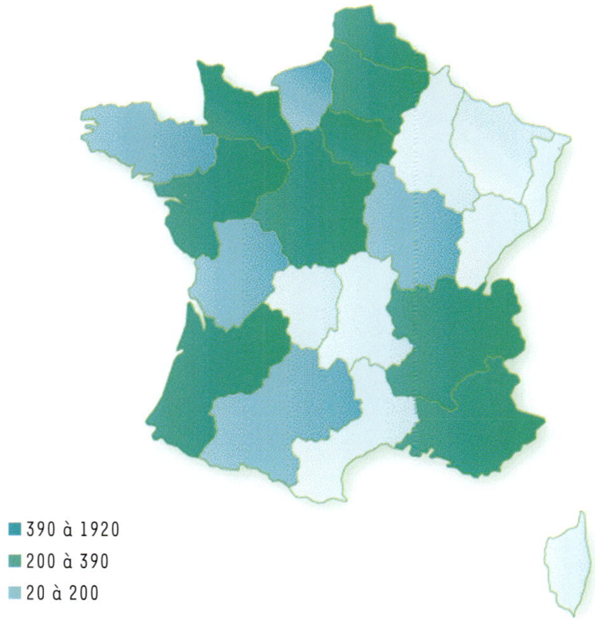

Répartition des emplois de la filière hippique sur le territoire français

ESTIMATION DES EMPLOIS DE LA FILÈRE CHEVAL en 2006	
Administration + organisation de courses (Paris)	24 600
Elevage	8 200
Entraînement	4 750
Centres équestres	11 400
Cavaliers	5 300
Vétérinaires	2 650
Maréchaux	1 850
Marchands	200
Industrie hippophagique	1 750
Selleries	1 850
TOTAL	**Plus de 62 000**

Source :
OESC (Annuaire Ecus 2006)

de télévision thématique Equidia qui est diffusée actuellement sur le câble et le satellite. En revanche, la presse écrite spécialisée est totalement privée.

En province, seules les sociétés des villes importantes disposent d'un personnel permanent, les plus petites, celles qui n'organisent que quelques rencontres, voire une seule, par an, emploient des bénévoles et des vacataires. Au total, le personnel salarié représente quelque 420 emplois à temps plein.

Ceux qui fréquentent ou ont fréquenté les grands hippodromes savent qu'il y existe également des restaurants, mais ceux-ci font, en général, l'objet de concessions et n'ont une activité que durant la période, plus ou moins longue, où sont organisées les courses. Ils n'entrent pas dans la gestion directe des hippodromes.

L'entraînement des chevaux

Les chevaux de courses, qu'ils soient galopeurs ou trotteurs, sont des athlètes qu'il convient d'entraîner quotidiennement et de préparer à la compétition. Ces tâches sont la mission des entraîneurs, aidés par les lads, les jockeys et drivers. Elles s'effectuent sur des terrains d'entraînement qui, pour la région parisienne, sont situés à Chantilly et Maisons-Laffitte pour le galop et Grosbois pour le trot.

En règle générale, à l'exception des amateurs, les chevaux de galop sont confiés par leurs propriétaires à des entraîneurs.

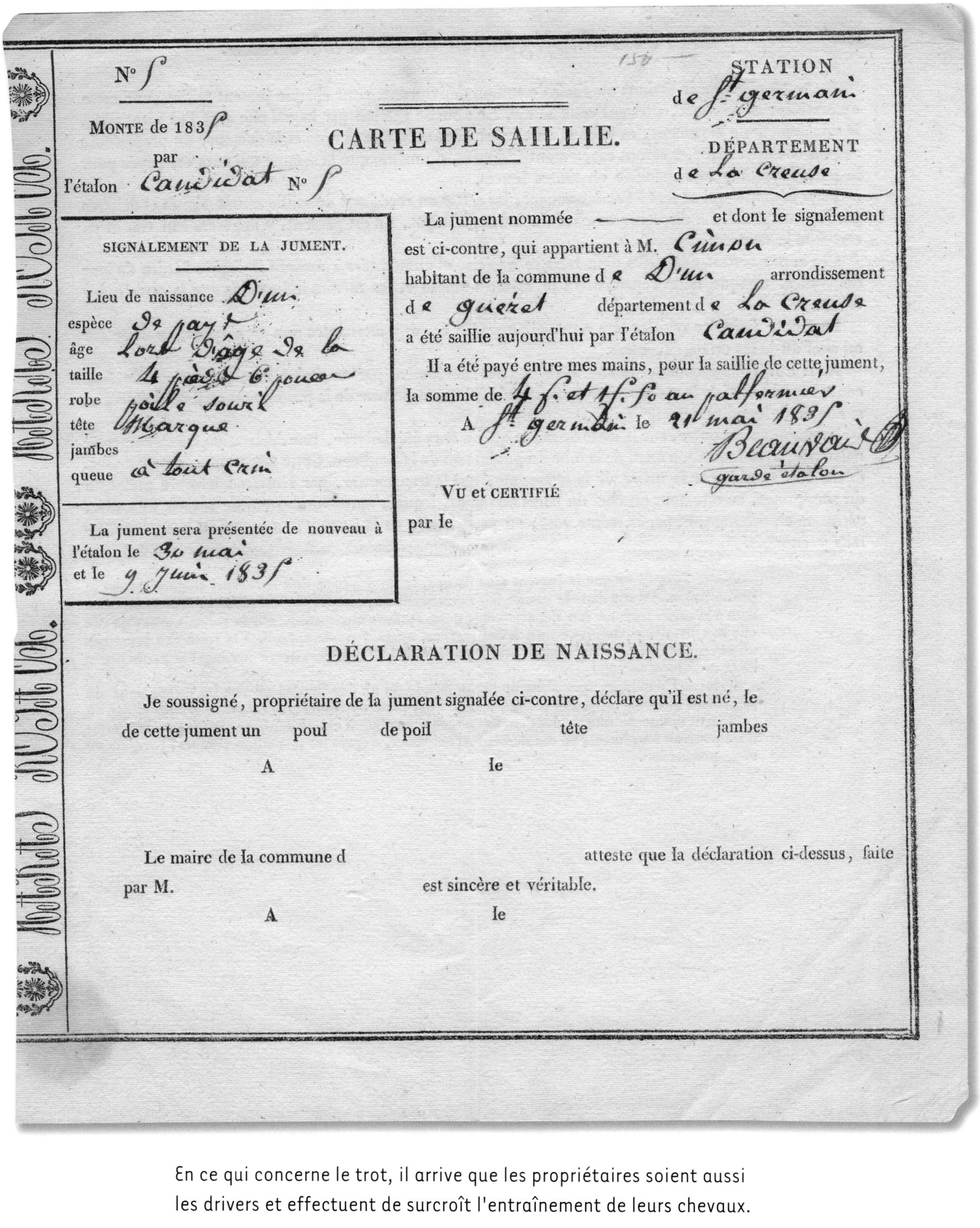

N° 5

STATION
de St germain

MONTE de 1835
par
l'étalon Candidat N° 5

CARTE DE SAILLIE.

DÉPARTEMENT
de La Creuse

SIGNALEMENT DE LA JUMENT.

Lieu de naissance D'un
espèce de pays
âge hors d'âge de la
taille 4 pieds 6 pouces
robe poille souri
tête Marque
jambes
queue à tout crin

La jument sera présentée de nouveau à l'étalon le 30 mai et le 9 Juin 1835

La jument nommée —— et dont le signalement est ci-contre, qui appartient à M. Cinsu habitant de la commune de D'un arrondissement de guéret département de La Creuse a été saillie aujourd'hui par l'étalon Candidat

Il a été payé entre mes mains, pour la saillie de cette jument, la somme de 4 f. et 1 f. 50 au palfermier

A St germain le 21 mai 1835

Beauvais
garde étalon

VU et CERTIFIÉ
par le

DÉCLARATION DE NAISSANCE.

Je soussigné, propriétaire de la jument signalée ci-contre, déclare qu'il est né, le
de cette jument un poul de poil tête jambes
A le

Le maire de la commune d atteste que la déclaration ci-dessus, faite par M. est sincère et véritable.
A le

Carte de Saillie, 1935

En ce qui concerne le trot, il arrive que les propriétaires soient aussi les drivers et effectuent de surcroît l'entraînement de leurs chevaux.

Les entraîneurs, lorsqu'ils ne sont pas aussi les propriétaires, sont rémunérés par un prix de pension du cheval auquel s'ajoute un intéressement sur les prix de courses que peuvent remporter les chevaux dont ils ont la charge. On dit qu'un entraîneur est public

Les fameuses ventes de Yearlings de Deauville

lorsqu'il s'occupe de chevaux appartenant à plusieurs propriétaires et privé s'il est au service d'une seule écurie. Qu'ils soient publics ou privés, professionnels ou amateurs, les entraîneurs doivent disposer d'une licence d'entraînement délivrée par les sociétés-mères qui ont également compétence pour les autorisations de monter et de faire courir.

Le nombre d'entraîneurs professionnels est, pour toute la France, d'un peu plus de 1 800. Ils emploient environ 3 800 salariés auxquels s'ajoutent 780 jockeys et 420 drivers.

Pour assurer la formation et la protection sociale de ces personnels, les sociétés de courses et leurs organismes communs ont créé une Association de Formation et d'Action Sociale des Salariés des Écuries de Courses, (AFASEC), qui est chargée d'une mission de formation en alternance aux métiers liés aux courses, à l'élevage et à la sélection des chevaux dans cinq écoles Chantilly, Grosbois, Craignes, Cabriès et Mont de Marsan, qui disposent en outre de foyers d'hébergement et de restauration collective.
L'AFASEC assure, en outre, la prévoyance des salariés des écuries, des jockeys et drivers qu'elle finance à 50 % pour les premiers et à 100 % pour les suivants. Elle intervient également pour aider

à la reconversion de personnes dont l'activité n'est pas sans risques et a même créé un atelier protégé, dénommé EPONA, qui accueille actuellement 38 handicapées.

Le financement de ces actions est assuré pour la moitié par une contribution du fonds des gains non réclamés, l'autre par une participation des familles et des entraineurs aux dépenses scolaires, par le prix des pensions dans les foyers, par le produit de la taxe d'apprentissage ainsi que par des subventions du ministère de l'Agriculture.

L'élevage

Le nombre d'éleveurs d'équidés est important : il dépasse légèrement le nombre de 43 500, mais ce chiffre s'entend de tout propriétaire qui possède au moins une jument ayant été conduite à la saillie au cours de l'année. En fait, 80 % des éleveurs de chevaux de sang ne font saillir qu'une ou deux juments à l'année et entrent, de ce fait, dans la catégorie des amateurs. Il doit être mentionné, par ailleurs, que l'insémination artificielle est interdite.
En effet,parmi les caractéristiques d'un cheval de course, l'origine est une chose importante qui entre pour une bonne part dans son prix de vente et est prise en compte par le parieur avisé lorsqu'il effectue ses choix.
Les professionnels de l'élevage se situent soit dans des haras spécialisés à cette fin - ce qui est pratiquement toujours le cas pour

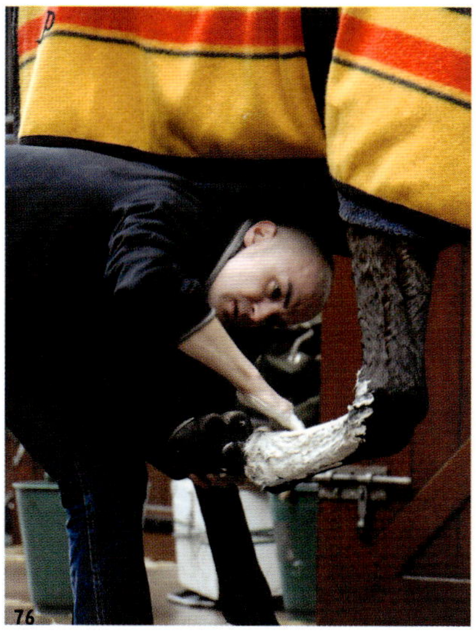
Vétérinaire

Lad

Jockey

Maréchal-ferrant

Journaliste hippique

Driver

Éleveur et entraineur

Pousseurs

les chevaux de pur sang - soit dans des exploitations agricoles qui peuvent, pour certaines d'entre elles, pratiquer également l'élevage de bovins et pour lesquelles 'élevage d'équidés constitue alors un supplément non négligeable.

L'activité d'élevage conduit, après naissance et croissance du poulain, à sélectionner ceux dont les qualités sont suffisantes pour devenir des chevaux de courses, à les dresser à cet effet afin de pouvoir ensuite les commercialiser, si l'éleveur ne désire pas les faire courir sous ses couleurs. On peut estimer que ces activités représentent plus de 8 000 emplois à temps plein.

Les ventes peuvent s'effectuer à l'unité ou faire l'objet de ventes collectives comme la plus célèbre d'entre elles : celle qui a lieu chaque été à Deauville pour les yearlings de pur sang.
L'éleveur français possède une sorte de « droit de suite » sur les chevaux qui courent sur les hippodromes de France.
En effet, aux prix de courses proprement dits, qui reviennent aux propriétaires, s'ajoutent, pour les mêmes chevaux gagnants, des primes aux éleveurs qui se sont élevées, globalement, en 2005, à 47,5 millions d'euros.
De plus, les éleveurs sont pleinement associés au fonctionnement de l'institution des courses. Nombre d'entre eux, parmi les plus importants, font partie, aux côtés des propriétaires, des conseils d'administrations et comités des sociétés de courses.

Outre les restaurants d'hippodromes, dont il a été parlé plus haut, beaucoup d'autres activités se rattachent, de manière importante mais non exclusive, à l'existence des courses de chevaux, qu'il s'agisse des selliers, des bourreliers et des maréchaux-ferrants, des vétérinaires et des équipes de recherche travaillant sur les équidés, des activités de transport des chevaux, de leur alimentation, des assurances, où certains cabinets sont spécialisés dans l'activité hippique, des fabricants de matériels et équipements destinés aux hippodromes et autres installations de la filière du cheval.

En outre, sans compter la chaîne de télévision Equidia dont il est parlé plus haut, l'activité hippique, via la presse spécialisée ou la presse et les radios généralistes, engendre environ 350 emplois.

Au total, on peut dire que l'activité hippique dans son ensemble, et les courses pour une bonne part, assure environ 5 400 emplois dans ces activités annexes.

Comme nombre d'activités, les courses de chevaux sont confrontées à un certain nombre de défis et problèmes. Le premier, qui est propre au secteur, est la baisse croissante du public sur les hippodromes. À cet égard, le succès des grandes réunions ne peut masquer le fait qu'à Paris comme en province les réunions ordinaires ne réunissent plus une assistance importante et ceci d'autant plus que les parieurs ont maintenant les moyens de suivre les événements sans avoir à quitter leur domicile ou en regardant le spectacle dans des points de vente équipés à cet effet. Les sociétés parisiennes ont entrepris avec quelque succès une action de soutien à la fréquentation des hippodromes, notamment le dimanche, mais il semble bien que la décroissance tendancielle d'ensemble ne puisse être véritablement enrayée. Le second tient à la baisse du nombre de propriétaires, notamment dans le secteur du galop, tant pour des motifs économiques que fiscaux.
Les difficultés se répercutent, évidemment, sur l'ensemble de la filière. Elles ont conduit les sociétés-mères à prévoir diverses actions d'accompagnement et le ministre du Budget à envisager des mesures spécifiques dont l'impact ne pourra être mesuré qu'à terme. Le troisième, que l'on peut qualifier, selon le jargon moderne, de « sociétal », concerne une question très à la mode, celle des addictions aux jeux. Même si les paris hippiques, qui réclament, pour la plupart des joueurs, une phase préparatoire d'étude et de documentation, favorisent moins que d'autres jeux une attitude compulsive, il n'en demeure pas moins que le secteur des courses a répondu à cette préoccupation : le PMU a créé en son sein un groupe de travail sur la thématique du jeu responsable et engagé une action de formation des personnels des points de vente ; en outre, il apporte son soutien à l'association SOS joueurs qui vient en aide aux personnes présentant des comportements excessifs.
La question la plus importante demeure, cependant, la concurrence qui s'exerce non seulement avec les autres jeux autorisés par le gouvernement français mais, surtout, avec celle qui, via Internet,

provient de sites situés hors du territoire. Ces sites peuvent proposer des prises de paris qui offrent, outre un très grand anonymat, des retours qui, dans la mesure où ils agissent en parasites de compétitions hippiques qu'ils n'organisent pas et pour lesquelles ils ne supportent aucune dépense, peuvent offrir des taux de retour au parieur supérieurs à ceux du PMU. Certes, des poursuites ont été engagées à l'encontre de certaines de ces sociétés, mais leur situation géographique rend difficile l'exécution des sanctions qui pourraient être prononcées. Il est probable qu'il faudra trouver, à l'avenir, des remèdes spécifiques, faute de quoi l'ensemble de la filière hippique pourrait être sérieusement ébranlée.

Dessin des guichets de pari,
Mark Mac Mahon

LE TOUR DU MONDE EN PARI MUTUEL

Par Denis Banizette, ancien directeur international du PMU

Au cours des deux derniers siècles, le cadre de la vie économique s'est complètement transformé.

Longtemps local ou régional, il est devenu national dans le courant du 19ème siècle. Il est désormais de plus en plus international. Depuis de nombreuses années, le commerce avec des pays tiers ne concerne plus seulement quelques « marchands aventuriers », ni quelques produits très spécialisés ou très rémunérateurs. Il est aujourd'hui un facteur normal et nécessaire du développement pour toutes les branches économiques modernes, où la recherche de la productivité suppose un élargissement des débouchés aussi bien qu'un incessant perfectionnement des techniques, auquel la concurrence internationale apporte un vigoureux stimulant. C'est dire l'importance qu'a prise l'environnement extérieur dans la croissance économique des pays et de l'intérêt extrême que présente pour chacune des sociétés une augmentation de ses parts de marché à l'exportation. Ce à quoi l'institution des courses

Le monde : un terrain de jeux pour le Pari Mutuel

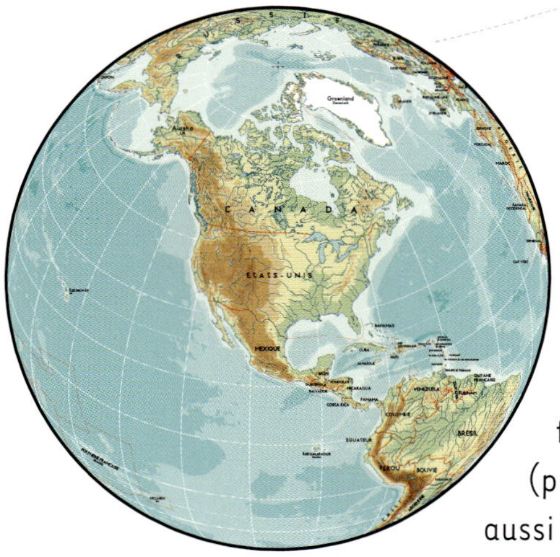

françaises, le Pari Mutuel (principalement urbain), mais aussi les hippodromes ainsi que les principaux concepteurs et fournisseurs de technologies et de matériels sont également « condamnés ».

L'internationalisation du Pari Mutuel et ses débouchés en termes de savoir-faire et de techniques a impliqué lors des deux dernières décennies de la part du PMU et de ses fournisseurs historiques, notamment la Compagnie du Pari Mutuel, une démarche réfléchie quant au choix des marchés, aux objectifs d'exportation et aux moyens d'y parvenir. En effet ce n'est que dans la durée que l'on peut donner un sens à une telle politique. Un sens dans les deux acceptions du terme : une orientation et une signification, en résumé dire où l'on va et pourquoi l'on y va. Car il ne suffit pas de disposer de « cartouches », encore faut-il tirer sur les bonnes cibles.

Le Pari Mutuel est la source du formidable essor des courses françaises dont les acteurs et l'organisation sont reconnus et réputés dans le monde entier, au trot ou au galop, animant plus de 250 hippodromes sur le territoire français. Il faut savoir que c'est à peu près le nombre d'hippodromes existant dans le reste de l'Europe. Il s'agit donc d'un secteur économique à part entière, porteur en France de plus de 60 000 emplois directs, proposant de vrais métiers, faisant vivre plus de 130 000 personnes, tout en contribuant au financement du sport équestre.

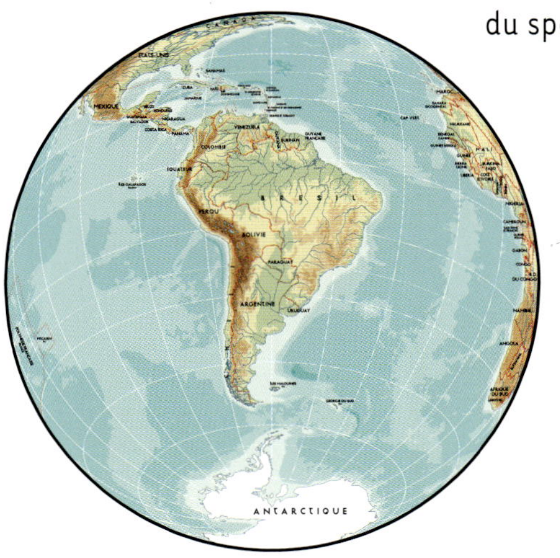

Hippodrome de Melbourne, Australie

Ainsi, le Pari Mutuel est un système à la fois performant (en Angleterre, les Bookmakers dont l'activité représente 60% ne reversent que quatre fois moins à la filière hippique britannique) et équilibré car, outre sa mission essentielle d'encouragement de la filière, il contribue significativement au budget de la nation. Existe-t-il un meilleur impôt, volontaire et indolore ?

La « Japan Cup », Japon, Novembre 2005

Le Pari Mutuel repose sur des principes forts à la base de la société française. Son ancrage ressort de notre modèle social qui privilégie la répartition, symbole de justice, de partage et d'équité et la mutualisation synonyme de régularité et de sécurité.
Ces principes plus que présents dans le cadre des paris hippiques sont garantis sans conteste par ce principe original
C'est pourquoi ce Pari Mutuel, souvent imité, parfois égalé, se décline dans plus de 130 pays.
Il se retrouve à la base de l'organisation de la prise de paris au sein des plus grandes nations hippiques que sont le Japon, Hong-Kong, l'Australie, les États-Unis et le Canada.

Ce formidable outil s'est également développé dans des pays ou des régions du monde qui ne disposent pas d'une activité hippique ou encore d'un cheptel équin, le biotope ne le permettant pas, et qui l'ont toutefois plébiscité grâce à un partenariat du Pari Mutuel Urbain français ou de la Compagnie
du Pari Mutuel avec les opérateurs locaux, avec pour bénéfice le financement d'actions ou de structures caritatives ou humanitaires.
Je pense en particulier à certains pays d'Afrique occidentale ou

Hippodrome de Puerto Rico, USA

centrale où la construction de dispensaires, de lycées et autres actions sociales découlent du prélèvement opéré par les pouvoirs publics sur les enjeux pris en mutuel sur les courses de chevaux se déroulant principalement à l'étranger et pour la plus grande part en France.
Si les dirigeants de ces états, dans leur infinie sagesse, ont compris que la seule façon de lutter contre l'installation et la prolifération d'opérateurs de jeux clandestins était de proposer des jeux légaux en créant des organismes dédiés, placés sous tutelle des pouvoirs publics et en offrant des paris hippiques sous forme mutuelle, ce n'est pas par hasard.

C'est pourquoi, aujourd'hui, la coopération et l'amitié entre la France et les différents pays de la communauté francophone : Maghreb, l'Afrique en général, Madagascar, le Viêt-Nam mais aussi plus proches comme la Belgique, la Suisse, la Roumanie... s'illustrent dans un domaine où on ne les attendait peut-être pas : celui des paris hippiques et de son vecteur de jeux le Pari Mutuel.

Barbaro vainqueur d'une course aux États-Unis

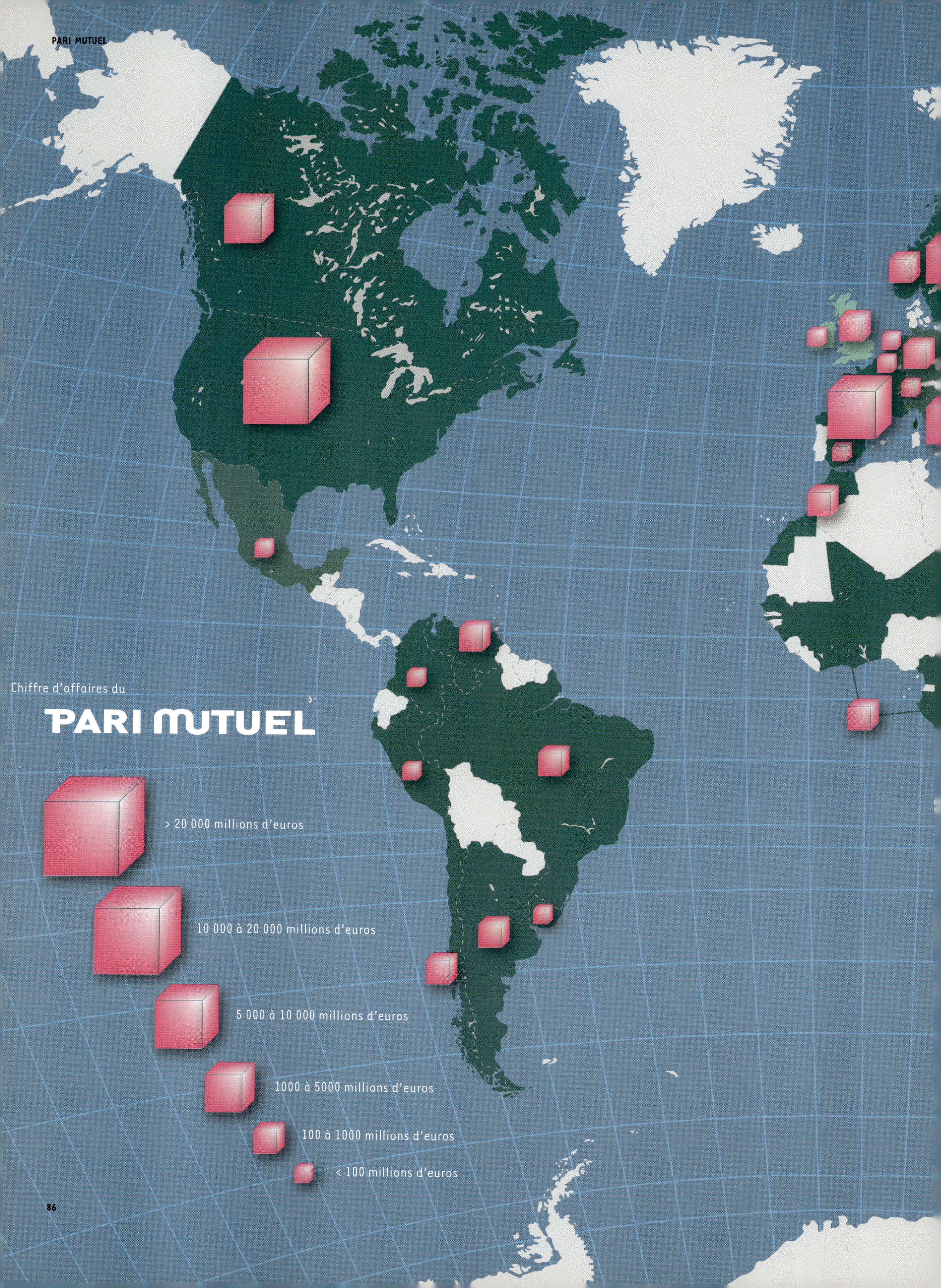
Chiffre d'affaires du
PARI MUTUEL
> 20 000 millions d'euros
10 000 à 20 000 millions d'euros
5 000 à 10 000 millions d'euros
1000 à 5000 millions d'euros
100 à 1000 millions d'euros
< 100 millions d'euros

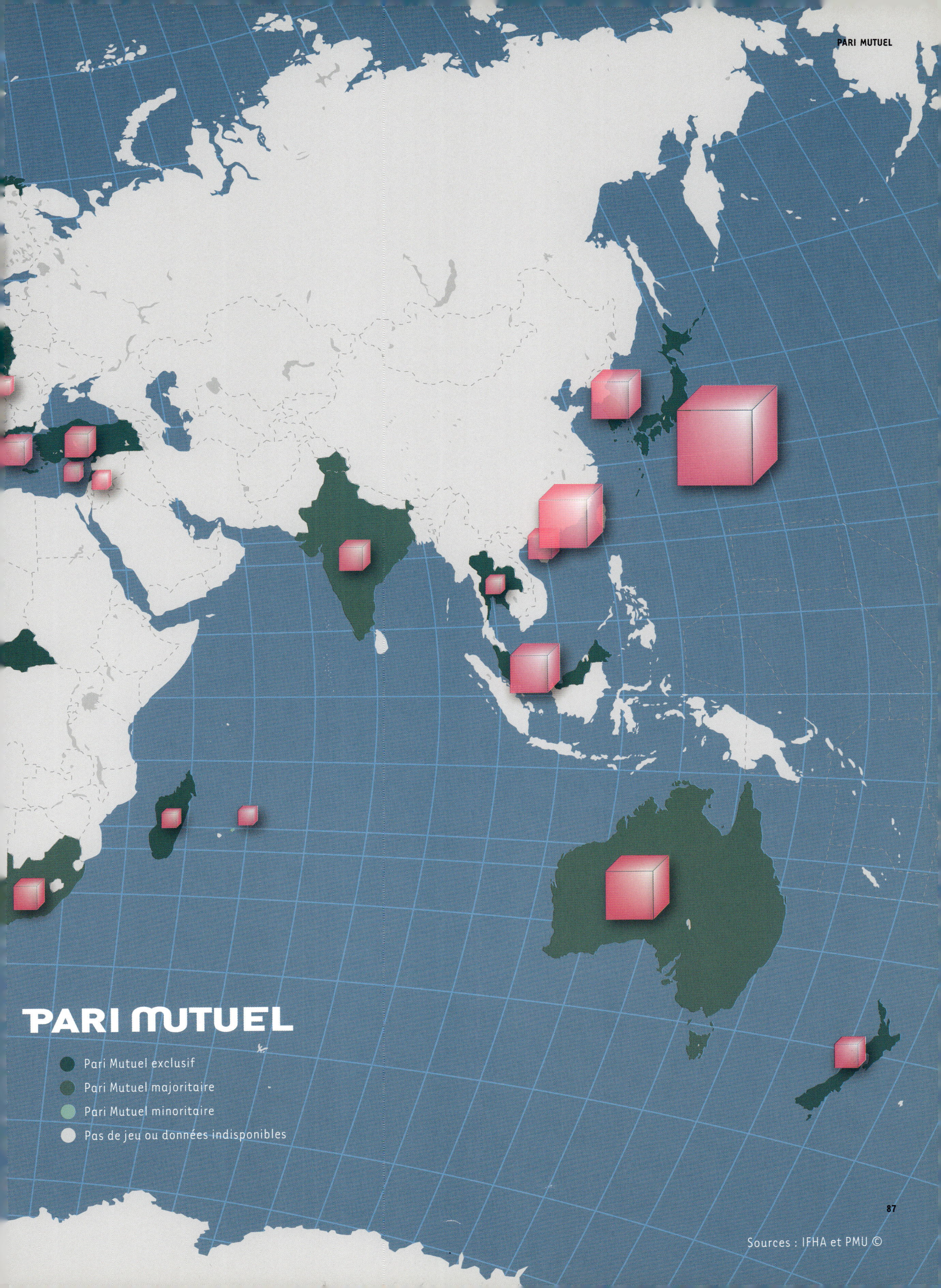

Sources : IFHA et PMU ©

Un pari pour l'avenir

par Bertrand Bélinguier,
Président Directeur Général du PMU

Le Pari Mutuel s'est progressivement imposé dans le monde comme la proposition de jeu la plus juste pour le parieur et la plus transparente pour le financement des filières hippiques. Il est ainsi aujourd'hui le mode de pari hippique le plus largement pratiqué.
En effet, le bookmaking ne représente que 10 % des enjeux hippiques mondiaux et reste localisé surtout en Grande Bretagne ou en Irlande. Interdit en France depuis la fin du 19ème siècle comme dans de nombreux pays, le bookmaking n'assure pas aux courses un retour financier aussi important que le pari mutuel loin s'en faut. En Grande-Bretagne où il se joue aux courses deux fois plus qu'en France les bookmakers versent à la filière hippique 150 millions d'euros. En France la contribution apportée aux Sociétés de Courses est de plus de 600 millions d'euros, soit quatre fois plus.
La récente déviance du bookmaking vers les échanges de paris (le client peut y jouer le rôle du bookmaker) a atteint l'intégrité des courses avec l'usage d'une pratique contre nature qui consiste à parier sur un cheval perdant. Ainsi le bookmaking et ses dérivés qui avaient été cantonnés jusqu'à présent, sont sortis de leur cadre et leur activité a pu, à l'aide d'internet, franchir les frontières et toucher de façon illégale les résidents de pays où ces types de pratique demeurent interdits. Parallèlement les promoteurs du Pari Mutuel ont toujours cherché à innover soit par de nouveaux paris soit par de nouveaux moyens techniques de paris. La mondialisation atteignant aussi l'univers hippique, de nouvelles actions devaient être envisagées.
C'est ainsi que l'idée de masses communes mondiales est apparue à l'occasion de la conférence des plus grandes nations hippiques, organisée à Windsor en juin 2006. J'ai eu l'occasion d'y présenter les bénéfices des masses communes transfrontalières et de proposer d'en élargir la perspective à l'échelle planétaire.
Encouragé par l'accueil de cette proposition par la Fédération Internationale des Autorités Hippiques (FIAH), j'ai organisé le 29 septembre 2006, une réunion à laquelle participaient les principaux opérateurs de pari mutuel mondiaux dont les instances hippiques siègent à la FIAH. Ce groupe comprenait outre la France, le Japon, Hong Kong, les États-Unis, le Canada, l'Australie et la Grande Bretagne.
Et il y eut une adhésion unanime à la proposition de la mise en place d'une initiative mondiale visant le Pari Mutuel.
Quelques jours plus tard, la Conférence Internationale des Autorités Hippiques, après la 85ème édition du Prix de l'Arc de Triomphe, était

l'occasion de souligner à l'assistance internationale composée des représentants issus de 55 pays l'importance stratégique d'une initiative mondiale. Le prochain rendez-vous fût fixé à l'occasion de l'Asian Racing Conference à Dubaï le dimanche 21 janvier 2007.
L'Asian Racing Conference est organisée par l' Asian Racing Federation (ARF) qui regroupe les instances dirigeantes hippiques issues d'un périmètre dépassant largement l'Asie géographique, de la Turquie à l'Afrique du Sud, des Émirats au Japon, en passant par l'Inde et l'Australie. C'était donc un cadre très indiqué pour marquer la volonté d'internationalisation de l'action des Autorités Hippiques.
Lors de cette réunion, les opérateurs de Pari Mutuel ont décidé clairement d'aller de l'avant : un projet de calendrier mondial de prise de paris, reprenant les plus belles épreuves de chaque pays a été établi.
De plus les décisions suivantes furent unanimement établies :
- Lors d'une première étape, il fut convenu de lancer à l'été 2006, un Trifecta (Trio dans l'Ordre, pari le plus connu dans le monde entier) en masse commune sur une sélection de courses du calendrier international de la FIAH.
- La seconde étape prévoyait l'étude de la faisabilité d'un pari commun aux opérateurs dont l'association des enjeux permettrait la constitution de gains très attractifs.
Un groupe de travail (Afrique du Sud, Australie, France et Grande-Bretagne) fut mandaté pour identifier les actions nécessaires à la réalisation de la première phase. Cette initiative d'une masse commune mondiale fut largement soulignée par les intervenants de l'Asian Racing Conference et la presse hippique internationale s'en fit largement écho. Si les essais sont concluants il sera possible d'organiser sur de grandes courses de l'été un pari permettant aux parieurs d'une dizaine de pays de jouer ensemble sur ces épreuves.
Les premiers tests de Trifecta mondiaux devront réunir dans une même masse d'enjeux les jeux des parieurs issus d'au moins trois continents différents. A l'issue de cette phase expérimentale, une nouvelle perspective sera donnée à l'action internationale à la lueur des premiers résultats. Le Trifecta en masse commune sur les courses françaises et étrangères apparaît dès lors comme une étape importante sur la voie de la création de paris internationaux à forte valeur ajoutée, qui constituera la deuxième phase de la collaboration internationale.
Si le programme est respecté, la concrétisation d'une masse commune mondiale se fera par l'organisation du premier Trifecta en juin 2007, moins d'un an après son évocation lors de la réunion des grandes nations hippiques à Windsor en juin 2006.
Ainsi sera mis sur les rails un élément essentiel de la vie des courses. Internationales par nature, il est logique que les paris qui leur sont toujours indissolublement liés soient aussi à dimension internationale.

Revue de presse

Le 85ème Prix de l'Arc de Triomphe confirme sa montée en puissance

Parieurs britanniques à Longchamp

Record d'affluence en 2006 avec plus de 70 000 personnes sur l'hippodrome de Longchamp à l'occasion du week-end du Prix de l'Arc de Triomphe Lucien Barrière, le grand rendez-vous du galop confirme sa montée en puissance et s'impose comme un événement international incontournable. Parmi cette affluence record, les 6 000 supporters du crack japonais Deep Impact ont créé une atmosphère originale et inédite qui a séduit à la fois le public passionné par les courses et les spectateurs attirés par un événement sportif d'exception.

L'édition 2006 de l'Arc a fait l'objet d'une couverture média exceptionnelle avec plus de 850 journalistes (dont 200 japonais) accrédités sur l'événement. La course du Prix de l'Arc de Triomphe Lucien Barrière a été vue en direct par près de 150 millions de téléspectateurs dans le monde entier.
La BBC, première chaîne hertzienne anglaise, a retransmis plus de 3 heures de direct de l'événement 2006. La BBC et France Galop, par ailleurs, ont annoncé officiellement le renouvellement de leur accord pour une diffusion des principales épreuves du galop français. Cet accord s'étalera sur 3 ans. La chaîne retransmettra jusqu'en 2009 le Prix de l'Arc de Triomphe Lucien Barrière avec, en complément, un résumé des courses préparatoires : le Prix Foy, le Prix Vermeille Lucien Barrière et le Prix Niel. Également, les grandes épreuves du printemps, le Prix du Jockey Club Mitsubishi Motors et le Prix de Diane Hermès, seront retransmises.
Extrait de la revue de presse de France Galop

Les Japonais se sont déplacés en masse pour supporter leur crack national Deep Impact

File d'attente au guichet de N'Djamena au Tchad

Le PMU fait dans le social

Les enjeux effectués par les joueurs du PMU se sont élevés à plus de 164 milliards de FCFA l'an dernier dans les quatorze pays africains qui le commercialisent. Une partie de cet argent est investie dans des actions sociales. Autre retombée de ce jeu hippique : la création d'emplois. Le bilan reste malgré tout mitigé.

Plus de 164 milliards de FCFA. C'est le total des enjeux misés par les parieurs du Pari Mutuel Urbain (PMU) dans les pays africains. Dans certains des quatorze états qui le commercialisent, c'est le jeu le plus en vogue. La mise minimale, de 200 FCFA en moyenne, est à la portée des petites bourses. De quoi rendre le jeu plus accessible. En Côte d'Ivoire, ce jeu hippique représente 80 % du chiffre d'affaires de la Loterie Nationale (Lonaci). « Les ventes ont généré 29 milliards de FCFA sur l'année 2002. Le premier semestre 2003 semble prometteur : nous avons encaissé entre 15 à 16 milliards FCFA », souligne-t-on à la Lonaci.

Un pourcentage de cette manne est reversé au bénéfice de l'aide sociale. « Ce système complète l'action de l'État lorsque les moyens sont insuffisants ou inexistants. C'est un aspect spécifique au continent africain. En France, pays à l'origine de ce jeu hippique, le PMU ne joue aucun rôle social », explique Daniel Bourgoin, responsable Afrique pour le PMU en France.

« Les quatorze » privilégient la résolution des problèmes rencontrés sur leur territoire et soutiennent les secteurs qu'ils souhaitent voir se développer. Ainsi, en 2000, le PMU du Cameroun, qui fait le plus gros chiffre d'affaires, a notamment déboursé 300 millions de FCFA pour la culture. Celui du Congo Brazzaville a, entre autres, financé des actions caritatives à hauteur de 20 millions de FCFA. Parmi les initiatives menées par les pays, on compte aussi la construction de salles omnisports, de maternités, de centres culturels et de soins, de maisons de jeunes. Un soutien financier aux jeunes entrepreneurs et aux projets locaux les plus remarquables. Une prise en charge des enfants défavorisés. La mise en place de campagnes de prévention contre le VIH/sida et de programmes de vaccination.

D'après Daniel Bourgoin, l'amélioration quotidienne est réelle.

Les sociétés de PMU indépendantes ou intégrées dans les loteries nationales n'ont pas pour vocation de se substituer au gouvernement. Ce qui pourrait expliquer pourquoi les sommes allouées sont souvent très en deçà de ce que les enjeux des parieurs rapportent. Pour exemple, en l'an 2000, les ventes du PMU en Côte d'Ivoire s'élevaient à 27,4 milliards de FCFA. Selon les chiffres du siège du PMU en France, le pays a consacré 1,5 milliard de FCFA à la réalisation d'œuvres sociales (construction de centres de santé, don d'ambulances, de matériel sanitaire, construction d'écoles primaires...).

En plus du coup de pouce social, le PMU résorbe une partie du chômage. « Ce jeu a créé plus de 10 000 emplois directs dans l'ensemble des pays », certifie Daniel Bourgoin. Appartiennent notamment à cette catégorie les revendeurs de billets ou les agents de traitement dans les centres de tri. Les emplois indirects sont nombreux et variés. Ils correspondent aux activités dérivées de la création du PMU : les journalistes écrivant pour les nombreuses parutions hippiques comme Le Chanceux ou encore Le Tocard, les imprimeurs de journaux de pronostics, les artisans... Les revenus de ces employés suffisent à faire vivre une famille, selon le responsable Afrique pour le PMU en France.
Extrait de l'article de Habibou Bangré

Qu'est-ce qu'un « Racino » ?

Selon votre humeur, la réponse est :
- Un hippodrome avec des bandits manchots (machines à sous), en quelque sorte un complexe de loisirs proposant des jeux de casino et courses de chevaux,
- Un hybride imaginé par le monde des courses pour mettre les gouvernements des états en face de leur responsabilité.

Parieuses américaines au Kentucky Derby de Churchill Downs, 1972

Quoi qu'il en soit, il y en avait déjà 16 aux États-Unis début 2003 et plus du double devaient être créés en fin d'année. L'état de New York a déjà agréé les machines à sous (officiellement dénommées terminaux de vidéo-loterie) pour plusieurs de ses hippodromes avec, dans la foulée, le Maryland et la Pensylvanie alors qu'une bonne demi-douzaine d'autres états étudient la question.
Qu'est-ce que tout cela signifie ? Que presque chaque état de l'Union

a un budget déficitaire. Lorsque cela arriva déjà entre 1990 et 1992, cela se term na avec les bateaux Casino sur les fleuves de six états du Middle West. Cette fois, personne ne parle de bateaux ou de nouveaux compromis type « Atlantic City ». Au lieu de cela, la réponse semble être : les machines à sous sur les hippodromes. C'est presque comme si les moyens habituels de lever de l'argent (impôts sur les bénéfices, sur les revenus, taxes indirectes, taxes sur la valeur ajoutée, etc.) avaient tous été abandonnés au profit d'un nouveau dogme de financement public : pourquoi ne pas simplement développer le jeu ?

Seabiscuit
dans la ligne d'arrivée,
Baltimore 1938

La plupart des propriétaires de champs de courses se sont réunis à Tucson fin 2002, à l'occasion du sommet « Courses et Jeux » pour discuter de l'avenir des machines à sous sur les hippodromes et en tout état de cause, ils furent tous d'accord sur un fait : s'ils n'obtiennent pas leurs machines à sous, la plupart fermerait boutique.
Les courses de chevaux et de lévriers connaissent une lente érosion depuis maintenant 20 ans, mais au cours des années 1998-2002, la baisse a été plus rapide. Ils se sont arrangés pour rester à la surface grâce à différents montages de paris extérieurs de telle sorte que les parieurs peuvent se rendre sur presque tous les hippodromes et cynodromes quas ment tous les jours de l'année, sans même se préoccuper si des courses s'y déroulent ou pas et peuvent y parier sur des courses se déroulant sur des sites distants.

Mais les seuls sites qui ont tiré leur épingle du jeu sont ceux qui disposent de machines à sous. Dans la plupart des cas, le montant des enjeux enregistrés sur place, sur leurs propres courses, a continué à baisser, mais leurs ressources totales ont connu une telle flambée qu'ils sont désormais en mesure d'offrir les plus importantes allocations et par conséquent d'attirer les meilleurs chevaux.
Les hippodromes tels que Delaware Park et West Virginia's Mountainer Park, naguère des sites où l'on considérait que seuls quelques oisifs locaux pariaient sur des carnes fourbues dans des courses « à réclamer », font partie désormais des hippodromes les plus

prospères, proposant les meilleures courses. À l'inverse, de légendaires hippodromes, tels que Churchill Downs et Pimlico, ont parfois des difficultés à joindre les deux bouts.

Pourquoi chaque état de l'Union, cependant, devrait-il autoriser les machines à sous sur les hippodromes ? Il y a plusieurs bonnes raisons à cela.
La première est que sur ces sites, le jeu existe déjà et, de fait, les autorités ne craignent pas d'être accusées « d'étendre le jeu » (c'est précisément ce qu'elles font).
Le seconde raison est l'impression, notamment au Kentucky et dans le Maryland, qu'ils protègent, ce faisant, un patrimoine. Le Kentucky se considère comme la capitale du pur-sang, celle prépondérante de l'élevage, celle enfin où la course la plus connue se déroule : le Kentucky Derby. Le Maryland est, pour sa part de longue date, connu pour être le marché des courses et l'élevage y est considéré comme une activité agricole majeure.
La troisième raison est la conviction que les hippodromes sont simplement des lieux plus civilisés et mieux contrôlables que des casinos « type Las Vegas » (Bien entendu, l'arrivée des machines à sous sur les hippodromes y change complètement la clientèle, mais personne n'évoque ce changement)
Et enfin, dernière raison, il y a comme un sentiment que le propriétaire d'hippodromes et le monde des courses ont joué avec des dés pipés. Ainsi, lorsqu'un Casino Indien s'installe à moins de 300 km d'un hippodrome, ce dernier en a des répercussions immédiates. De plus, la plupart des Casinos Indiens ne paient pas de taxes à l'État, tandis que les hippodromes et les cynodromes versent, dans quelque état qu'ils soient, entre 18 et 30 % de leurs chiffres.
En leur accordant les machines à sous, ils rééquilibrent les chances respectives.

Une bonne douzaine d'interventions sur ce sujet au cours du sommet « Racino », n'ont pas convaincu qu'il s'agisse d'une bonne chose pour les courses ou même pour le jeu en général.
Et ceci pour une bonne raison : y a-t-il jamais eu deux types de joueurs plus différents que le joueur de bandits manchots et le turfiste ? Le joueur de machines à sous ne croit qu'au pur hasard. C'est la forme de jeu la plus écervelée du monde.
Il joue par définition sur un tirage de loterie toutes les 5 secondes.
Le turfiste, quant à lui, est peut-être le plus cérébral de tous

les joueurs. Il consacre des heures chez lui à étudier les chevaux, en travaillant sur la presse hippique, soupesant une myriade de paramètres qui peuvent influencer es courses, dans le but de placer le pari le plus intelligemment. L'idée même qu'un joueur de machines à sous puisse parier sur un cheval ou qu'un turfiste puisse introduire une pièce dans une machine à sous relève de l'absurde. Deux frissons fondamentalement différents, deux types de personnalité fondamentalement différents.

Bill Eadington, professeur d'Économie à l'Université de Nevada/Reno, lors d'une des plus clairvoyantes communications du symposium de TUCSON, a prononcé le fin mot de l'histoire :
« Si vous avez des machines à sous sur vos hippodromes, en réalité vous n'avez plus d'hippodromes. Vous avez seulement des machines à sous qui se trouvent être installées dans un endroit où des chevaux tournent en rond ».

Mais la fin ne justifie-t-elle pas les moyens ? Dans le cas présent, n'est-elle pas la subsistance d'une filière prospère ?
Extrait de l'article de Joe Bob Briggs

Kentucky Derby,
Louisville

PORTRAITS DE PARIEURS

Par Dominique Savary, journaliste

Sept millions de parieurs,et moi et moi et moi...
Qui dit courses, dit paris. C'était déjà le cas du temps d'Homère et de l'Iliade.
Sans parieurs, pas de courses. Les turfistes ne sont pas simplement spectateurs, mais aussi acteurs. Ils sont même le véritable moteur de ce sport-spectacle.
Depuis plus de 300 ans en France, ils font vivre une activité mue par la passion du cheval, du sport, du jeu et constituent une communauté hétéroclite. Hommes ou femmes, riches ou pauvres, ils espèrent atteindre le même but : gagner. Ils sont égaux dans la défaite comme dans la victoire.

Les courses modernes ont pour origine l'Angleterre mais en France, il a fallu attendre le règne de Louis XIV pour voir se disputer les premières courses officielles sur la plaine d'Achères, le 25 février 1683. Toutefois, le comte d'Artois, frère de Louis XVI et futur Charles X, reste le père de nos paris hippiques. Sous son impulsion, un champ de courses est créé dans la plaine des Sablons en 1776 puis en 1781, le premier hippodrome officiel fait son apparition dans le parc du château de Vincennes. Ni la Révolution, ni les changements de régimes ne pourront empêcher l'irrésistible développement des courses. Le 24 avril 1857, l'inauguration de l'hippodrome de Longchamp est un succès populaire et mondain.

A toutes les époques, l'outil indispensable du parieur : le programme des courses

Comment gérer cette foule de parieurs qui n'a cessé de croître depuis le XIXème ? Pour lutter contre les paris clandestins et

Courses de chevaux pour la fête du Roi Louis Philippe au Champ de Mars, 1831

Les courses de Chantilly d'après Eugène Lami, 1835

rendre les courses accessibles au plus grand nombre, le Pari Mutuel Urbain est créé. Il entre en service le 2 mars 1931.
À ses débuts, le PMU n'offre aux parieurs que le jeu simple. Il suffit de jouer gagnant, le cheval doit arriver premier, ou placé, il doit prendre l'une des deux ou trois premières places, en fonction du nombre de partants. En 1949, il propose le couplé, trouver les deux premiers pour le couplé gagnant et deux des trois premiers pour le couplé placé).
Devant l'attrait des parieurs pour les rapports élevés, André Carrus, polytechnicien, gendre du précurseur Chauvin, invente le Tiercé en 1954. Une nouvelle ère commence.
C'est un engouement sans précédent. Le Tiercé de fin de semaine devient un rituel pour des millions de parieurs. La « grand'messe » du dimanche draine ses fidèles avec leurs espoirs, leur passion. Les hippodromes et les bars-PMU deviennent presque de nouveaux lieux de culte. Toutes les couches sociales sont concernées et la presse généraliste, aidée par la radio et la télévision, relaye très vite les journaux spécialisés. Les grands prêtres ont pour nom Léon Zitrone, Maurice Bernardet, Ben, André Théron.
Le système du Pari Mutuel protège les intérêts de chaque parieur. Il donne une impression de sécurité malgré quelques affaires liées à Patrice des Moutis, alias Monsieur X. C'est le temps des « *Millionnaires du dimanche* », chanté par Enrico Macias.

Aujourd'hui, sept millions de Français « jouent avec leurs émotions » et parient régulièrement. Mais qui sont ces adeptes du turf ?

Original de « La France Illustrée »,
17 septembre 1898

TIERCÉ : La fièvre du dimanche matin

7 millions de parieurs dans les temples de la fortune espérée

Grand-messe dans la cathédrale du P.M.U.

Tous les dimanches matin, des adorateurs du tiercé se pressent à la grand-messe du P.M.U. Les fidèles ne se contentent pas du simple tiercé, ils jouent aussi les combinaisons reports, couplés, quartés, etc. A 13 heures, quand la masse des parieurs se retire, il ne reste plus par terre que des bordereaux déchirés, des journaux chiffonnés et de tout petits confettis : l'écume du jeu.

Photos Daniel LAPIED
Francis LATREILLE,
Claude VIGNAL.

41

L'explosion que suscite le Tiercé est relayée dans la presse. Ainsi, « France Soir Magazine » consacre sa couverture et 6 pages à ce phénomène.

Toutes classes confondues

Les postes d'enregistrement du Pari Mutuel Urbain sont pour la plupart situés dans les arrière-salles des cafés, véritables creusets où se retrouvent confondus tous les milieux sociaux, les ethnies et les classes politiques.

Objectif : concurrencer le loto

En modernisant sa technique, le P.M.U. prévoit de créer bientôt d'autres jeux à petite mise, capables de concurrencer le succès du Loto. Avec l'électronique, on arrivera bientôt à jouer au tiercé jusqu'au départ de la course. Ce jour-là, les recettes feront un grand bond en avant.

Parieurs : qui sont-ils ?
Ouvriers, chefs d'entreprises, retraités, simples promeneurs du dimanche ou spécialistes hippiques, souvent beaucoup de choses les différencient. Pourtant, ils se lèvent comme un seul homme pour encourager le ou les chevaux sur lesquels ils ont misé leurs espoirs (quelques euros pour les uns, des milliers pour certains).
« L'hippodrome est le lieu de brassages de classes sociales par excellence », indique un guichetier. « Ce qui rapproche le chômeur et le millionnaire, c'est leur enthousiasme quand ils gagnent et leur désespoir lorsqu'ils perdent », témoigne-t-il. Heureux constat : un fil d'Ariane relie l'important et l'humble, ce fil n'étant autre qu'un pari commun. Une rumeur de gradin veut d'ailleurs qu'après une course du prix de l'Arc de Triomphe, un petit parieur aurait interpellé un prestigieux propriétaire en ces termes: « eh m'sieur de Rothschild, c'est not' cheval qu'a gagné! ».

Les parieurs se pressent au rond de présentation pour apercevoir le cheval en qui ils ont misé tous leurs espoirs

Loin de certains clichés, les parieurs sont pour la plupart des gens tout à fait normaux. Ils suivent forcément l'évolution de la vie et ont profondément changé depuis un siècle.
Selon une enquête du PMU réalisée en 2006, le rajeunissement et la féminisation de la clientèle se confirment. Un parieur sur trois a

Parieurs dans les années 30

moins de 35 ans et 41% sont des femmes. Des chiffres significatifs pour un monde longtemps considéré masculin.
En ce qui concerne la catégorie socio-professionnelle, 23 % sont des ouvriers, 13 % des employés, 26 % des retraités, 15 % des cadres moyens, 4 % des chefs d'entreprise et des commerçants et 19 % d'inactifs. Une vraie diversité.

Avec une forte augmentation de l'offre (nouveaux types de jeu et surtout trois réunions PMU par jour à huit ou neuf courses), sans compter la montée en puissance d'Equidia et l'accès aux nouvelles technologies, la vie du parieur change de plus en plus rapidement. Depuis les années 30, le parieur n'avait déjà plus l'obligation de se déplacer sur les hippodromes pour jouer. Aujourd'hui, on peut engager un pari de n'importe où dans le monce, quel que soit son montant, jusqu'au départ de la course. Il suffit d'un téléphone portable et d'un compte suffisamment approvisionné.

Les yeux rivés sur les cotes, concentration et analyse pour les parieurs avant le départ

Du parieur de quinté à 2 euros au « matelassier » en jeu simple placé à 50 000 euros, les amateurs de paris n'ont pas tous les mêmes moyens et les mêmes motivations.

Jeu de connaissance et de convictions, les courses demandent du temps, de l'intelligence et de l'énergie si l'on veut gagner ou même se « défendre », c'est-à-dire limiter ses pertes. La différence se fait sur l'investissement personnel, les qualités d'observation et d'analyse, la stratégie. Il faut être plus fort que les autres joueurs. C'est le principe même du pari mutuel où l'on ne peut gagner que ce que les autres perdent.

Devenir turfiste professionnel ou semi-professionnel n'est pas à la portée de tout le monde. Le goût du risque ne suffit pas.

Les courses sont très techniques. Il faut bien connaître les chevaux, leurs qualités et surtout leurs défauts mais encore plus les hommes ou les femmes qui s'en occupent. C'est un travail de longue haleine, au quotidien et les informations puisées à la source sont primordiales.

Quel que soit le niveau d'investissement et la manière de jouer, tous les parieurs recherchent des émotions. Même si pour certains, le pari aux courses n'est qu'un jeu d'argent comme un autre, il offre des horizons différents. Pour le parieur urbain, les images et le son

d'Equidia en direct font déjà comprendre que le pari accompagne un résultat sportif.
Rien ne remplace évidemment la présence sur l'hippodrome et la découverte de cet univers qui reste magique. Sur ce lieu de détente, souvent haut en couleurs avec ses personnages atypiques, ses codes, ses rites, son langage, ses écoles de pronostics mais aussi son cadre de verdure qui peut être très fleuri, turfistes occasionnels ou chevronnés cohabitent sans difficulté. Si les premiers parient avant tout pour se divertir, s'amuser, en n'accordant qu'une importance relative au résultat, tous promènent leurs rêves et s'aèrent l'esprit.
Le doux frisson, cette émotion fruit de la victoire ou de la défaite, ne laisse jamais indifférent. Il accompagne pourtant chaque course jusqu'au poteau d'arrivée. Parfois même, il arrive que le spectacle des chevaux lancés sur la piste se prolonge jusque sur le tapis vert des commissaires qui sanctionnent les irrégularités. Aux courses, des coups du sort sont toujours à prévoir.

« Parier » : une passion commune

Où sont les femmes ?

De plus en plus sur les hippodromes...

Paroles de parieurs

Colette et André, retraités
« Nous venons aux courses depuis toujours. C'est un plaisir, une détente. Nous ne ratons aucune réunion. Nous avons toujours avec nous le petit journal des courses. Le hasard nous guide aussi, et nous gagnons parfois avec un peu de chance. Nous jouons la grosse cote pour gagner gros ! »

Jean-Paul, cuisinier
« Aux courses, je n'ai jamais gagné et je n'ai jamais perdu. La chance est là parfois et je repars avec de gros gains. Mais je ne suis pas amateur de tiercé, juste de jeux simples. »

Claudia, commerçante
« Je ne suis pas une spécialiste, mais pas une novice non plus. Je viens pour me faire plaisir et pour la beauté du cheval. Je me fixe toujours un budget de 20 euros auquel je ne déroge jamais. Je suis du genre plutôt zen durant la course, j'encourage mes chevaux en pensées plutôt qu'en cris. C'est vrai qu'il y a plus expressif ! »

Victor, technicien
« Je parie sur les chevaux depuis des années. Je parie environ 20, voire 30 euros par jour. Je trouve que l'on a plus de chance de gagner en misant sur la performance des chevaux. Le Loto c'est beaucoup plus aléatoire. Et puis, même si je perds, il reste le plaisir du pari. »

Christina, mère au foyer
« Mon mari et moi avons raflé le gros lot une fois. Alors on continue de parier en espérant que nous gagnerons à nouveau. On ne perd pas espoir ! »

Edith et Diana, retraitée et enseignante
« C'est une tradition depuis des années. On vient entre mère et fille voir le prix de l'Arc de Triomphe de Covertree, en Angleterre où nous vivons. On ne mise pas beaucoup, c'est juste pour le plaisir, l'ambiance. Le spectacle est magnifique. »

Roland, chauffeur de bus
« Je joue depuis 16 ans mais seulement une fois par mois. Je profite de l'atmosphère, je m'aère la tête. J'aime cette excitation, on peut passer de la déception à la joie même en misant très peu. C'est mieux que le cinéma ! »

L'Hippo drame.

voix speaker:
C'est parti, les chevaux sont lancés!!!

-J'ai tout parié sur "Tocard", "Pas-de-souffle" et "Trois Pattes". Je suis sûr qu'ils vont gagner!

-perdu…il ne me reste plus qu'une chose à faire..

-.. aller chez Hippo et miser sur l'entrée,
le plat et le dessert :
ils arrivent toujours dans l'ordre.

Témoignage d'un crack pour qui le risque se calcule avec méthode

Ils gagnent leur vie en pariant. Ils sont joueurs professionnels et ont fait des champs de courses leur lieu de travail. Ils sont très peu à manier cet art avec assez d'intelligence et de recul pour qu'il devienne une véritable source de revenus.
L'un d'entre eux a livré son histoire. Il aurait gagné plus de 9 millions d'euros! Ce destin unique est l'objet du livre de Mayeul Caire, *Gagnant ! Portrait d'un parieur professionnel*. Une confession surprenante.

Gagnant ! Portrait d'un parieur professionnel, Éditions du Rocher

Extraits choisis :

« Chaque matin, je me rends à mon bureau. C'est une pièce que je loue, dans laquelle j'ai installé une télévision, un ordinateur et ma collection de journaux hippiques. Le seul fait d'en pousser la porte lance ma journée et m'aide à me concentrer.
Pendant deux heures, je lis la presse et je prépare mes jeux de l'après-midi.

Dans l'étude de la carrière d'un cheval - ce qu'on appelle *« faire le papier »* -, la priorité de toutes les priorités est sa *« musique »*. On parle de musique parce que, mises bout à bout, ses performances chiffrées ressemblent à des petites notes sur une partition. *« 1121213111 »*, par exemple. Premier, premier, deuxième, premier, deuxième... Voilà une belle musique. C'est la carte d'identité du cheval, son électrocardiogramme. Avec ça, je sais à quoi il ressemble ; je vois en un clin d'œil à qui j'ai affaire. Puis je regarde par quel jockey il est monté et par qui il est entraîné.
Pour vérifier l'intuition née de la musique, je me livre à une étude plus approfondie de la presse écrite. De plus en plus de supports permettent d'avoir accès à toutes les informations importantes, ou presque. Paris-Turf, en dehors de la rubrique habituelle du Quinté+, a des petits échos d'entraînement. Week-End propose une rubrique *« avis des entraîneurs »* qui est la meilleure de toutes. [...]

Tous les jours, je consacre donc un budget de dix euros à la presse spécialisée. Je glane de nombreux éléments rien que comme cela, sans même allez voir les gens, alors que les turfistes les négligent ou les utilisent mal. J'interprète la moindre information, je relis chaque déclaration d'entraîneur en pensant à la psychologie, en essayant de me rappeler s'il est d'une nature optimiste ou pessimiste, ce que

Parieurs
dans les années 30

j'ai appris en comparant ses propos d'avant course au résultat final. Avec l'ensemble des informations glanées dans la presse j'aboutis à une synthèse, qui constitue ma note pour l'avenir, que je réactualise régulièrement. J'y consigne mes chevaux préférés. C'est ma liste rouge. Un peu comme un portefeuille de valeurs de Bourse. [...] J'étudie les épreuves de l'après-midi en recherchant trois types de chevaux : les évidences, les fortes convictions et les cas techniques. Les évidences sont les futurs chevaux gagnants, des chevaux qui sautent aux yeux. Les fortes convictions, ce sont les chevaux que j'ai repérés, qui m'ont séduit. Les cas techniques, c'est par exemple quand les trois premières chances de la course font *écurie*, ce qui signifie que le parieur qui a misé sur un de ces trois chevaux sera gagnant si un des trois chevaux, quel qu'il soit, remporte la course. [...] Pour qu'il y ait évidence ou forte conviction, la seule lecture du nom du cheval doit me faire réagir. Si c'est le cas, je prends plus de temps pour étudier les chevaux qui lui sont opposés. [...]

Une fois les chevaux choisis, je définis la somme que je vais leur consacrer. Là aussi, j'ai mes automatismes. Aujourd'hui, mes tarifs sont bien fixés : 500, 1 000 ou 2 000 euros pour le petit tarif destiné au tout-venant, au quotidien, aux chevaux inclassables ; 5 000, 10 000 ou 20 000 euros pour le grand tarif, réservé aux vrais bons chevaux dans les vraies bonnes courses, mes champions préférés. Au-dessus de 20 000 euros, le cheval doit être un crack confirmé. [...]

Tout doit être fini à midi, pour que je puisse me consacrer à l'étude des premières cotes, disponibles sur Internet et sur Minitel à partir de 12 heures. Je dois les analyser en quelques minutes avec le *papier* de la réunion bien en tête car il s'agit juste de savoir si la cote du cheval qui m'intéresse correspond à celle que j'attendais. Quand le cheval est sous-coté, ça inspire confiance - les gros joueurs sont là ; s'il est sur-coté , on parle de cote de *mort* - les gens ne l'ont pas assez joué, ce qui est toujours mauvais signe. Dans un cas comme dans l'autre, il faut apprendre à interpréter les cotes, pour déterminer si elles incitent au pessimisme ou à l'optimisme.

Voilà pour le bureau. Le reste du temps, je suis aux courses... ou en vacances. Puisque le jeu est mon métier, je me force en effet à prendre au moins chaque semaine deux jours de repos et chaque année, un mois de vacances ».

LE BEAU MONDE DES TRIBUNES

Par Marie Chasteau de Balyon, journaliste

Les élégants

Côté écurie, les préparatifs battent leur plein ! On panse, on brosse, on lustre les élégantes silhouettes chevalines. Le soin est grand, le geste est sûr autour des gracieuses créatures pour qui rien n'est trop beau. Brillantes, farouches, leur démarche balancée fait tourner les têtes. Elles ont tout compris de l'art de la séduction : mystère et fascination.
Les hommes, aujourd'hui, n'auront d'yeux que pour elles.

Côté salle de bains, il faut rivaliser ! Allez mesdames, apprivoisez cette crinière, déhanchez-vous, faites sonner vos talons sur le pavé pour couvrir le bruit des sabots, portez haut vos chapeaux !
On ne va pas se laisser piquer la vedette tout de même !

Les messieurs aussi craignent ces étalons. Leur virilité s'affirme à coup de gros cigares et de hauts-de-forme. Seigneurs ils sont, seigneurs ils resteront en présence de ces bêtes puissantes.

L'hippodrome devient le décor d'une course à l'élégance, le plus beau triomphe de l'Arc est celui de la grâce.

La course à l'élégance

Cigares et hauts-de-forme

Les chapeaux de l'Arc,
Madame Figaro, septembre 2006

Plus qu'une semaine pour mettre la touche finale à votre chapeau ou trouver la coiffe idéale à présenter le dimanche 1er octobre. À vos ciseaux, feutrines, plumes et autres fanfreluches. Les chapeaux les plus fous, les créations les plus audacieuses, colorées, chamarrées ou simplissimes défilent dans les allées du champ de courses avant de poser sous les objectifs des photographes [...]

Le podium final : vendredi 10 novembre, 14 h 30, le petit salon Joyce du restaurant Fouquet's Barrière se transforme en salon d'essayage. Les candidates arrivent une à une, le cœur serré ou le visage souriant. Une véritable histoire des styles se tisse petit à petit dans l'ambiance feutrée du célèbre restaurant parisien : bandeau des années trente rehaussé de perles, large capeline ornée de fleurs hors du temps, construction de partitions évoquant un salon de musique du Grand Siècle, du noir et blanc à gogo pour marquer la tendance de l'hiver.

Les élégantes de l'Arc, Point de vue, Octobre 2006

Tendance chasse au grand prix de l'Arc de Triomphe. La baronne Edouard de Rothschild arborait un chapeau en cuir tressé Bottega Veneta et Zara Aga Khan était coiffée d'un feutre vert anglais. Chic et simplicité !

LES COURSES DE CHANTILLY. 125

Bientôt les fanfares commencent : il est temps d'arriver, car à l'instant l'arène va s'ouvrir. La hâte est grande, l'empressement est unanime, le pêle-mêle est complet. La brillante calèche arrive en poste, chargée de plumes et de fleurs et de doux sourires. Le paysan accourt au petit trot de son petit cheval, portant en croupe sa jeune fille, curieuse et animée comme pour un bal. De longues voitures d'osier arrivent au pas, chargées de familles entières, riches fermières qui, du haut de leur carriole, regardent sans envie ces belles dames dans la soie de leur calèche. Ici toutes les voitures sont égales, ici tous les chevaux sont égaux, le cheval du dragon et le cheval du laboureur ; mais enfin tout le monde est à sa place, on n'attend plus que les héros de la fête, les princes de la journée. Sonnez, trompettes ! et vous, héraut, ouvrez le champ !

Quel drame ! quels efforts ! que de beautés réunies ! quelle vigueur ! Avec quelle audace ces agiles coursiers s'élancent dans la prairie ! quelle puissance, quelle énergie ! Vous les voyez, vous ne les voyez plus ! Ils s'élancent, vous croyez que c'est pour la course? Non, c'est un jeu ; ils ont une lieue pour prendre haleine. Ainsi ils essaient le champ, ils reconnaissent le terrain, ils regardent le ciel, ils regardent les hommes, ils se regardent entre eux et ils s'admirent entre eux, et ils pensent déjà que la palme sera difficile à gagner.

Au signal donné, voici que tout d'un coup ils partent. D'abord on croirait qu'ils marchent, puis qu'ils courent, puis enfin qu'ils volent. La fascination est à son comble, chacun retient son souffle pour les mieux voir : tant d'espérances sont placées sur ces nobles têtes ! Quel plaisir ! la pelouse de Chantilly ! le monde attentif ! les femmes qui oublient de se regarder entre elles pour regarder un cheval ! des paris où l'orgueil est engagé encore plus que la fortune ! Voilà le drame, voilà le théâtre ; et pour acteurs, les plus belles, les plus naïves, les plus charmantes, les plus modestes, les plus admirables créatures parmi celles qui n'ont pas été faites à l'image de Dieu.

Extrait de *Un été à Paris*, Jules Janin

Les potins de Longchamp, Les Matins de Longchamp, mai 1898.

Entre le chapeau vaste et bas, noir et blanc, en velours et duvet, et l'écharpe de fourrure, d'élégantes jeunes femmes content, du bout des dents, quelque agréable potin de courses ou de théâtres. Notre collaborateur L. Sabatier, dont le crayon malicieux se plait, en toutes occasions, à noter pour nos lecteurs le pittoresque des modes nouvelles, leur caractère esthétique ou simplement original et même, si l'on ose dire, leur psychologie, a vu, à Longchamp, dimanche dernier, cet aimable groupe où se soulève les élégances, un peu indécises, d'automne. Il nous en livre le détail, amusant et typique : la moitié des visages cachée par les chapeaux. Le front et les yeux se dissimulent ainsi sournoisement. Il ne demeure plus, pour notre enchantement que les sourires. »

L. Sabattier

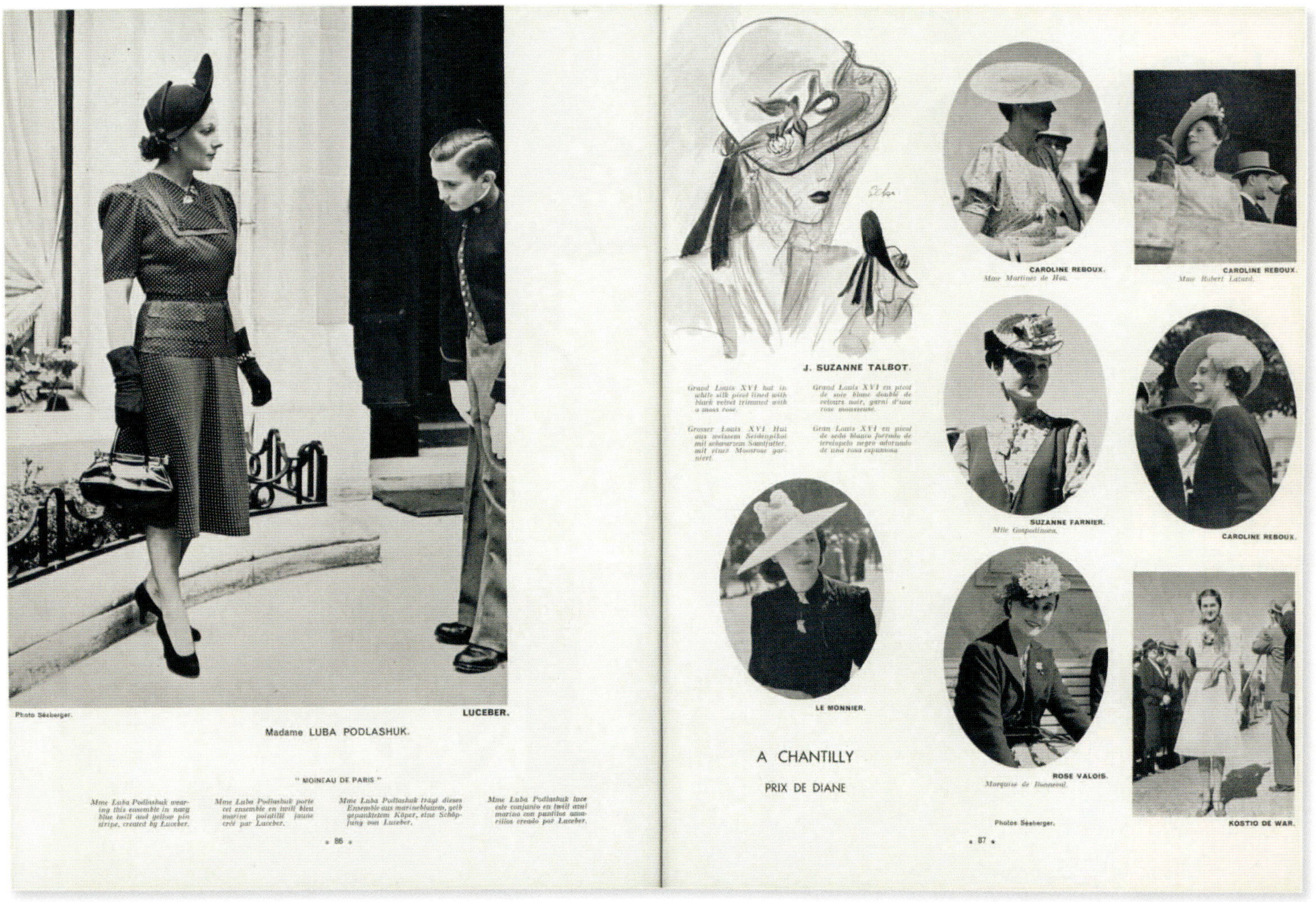

« L'officiel de la mode et de la couture », 1934

« L'officiel de la mode », 1976.

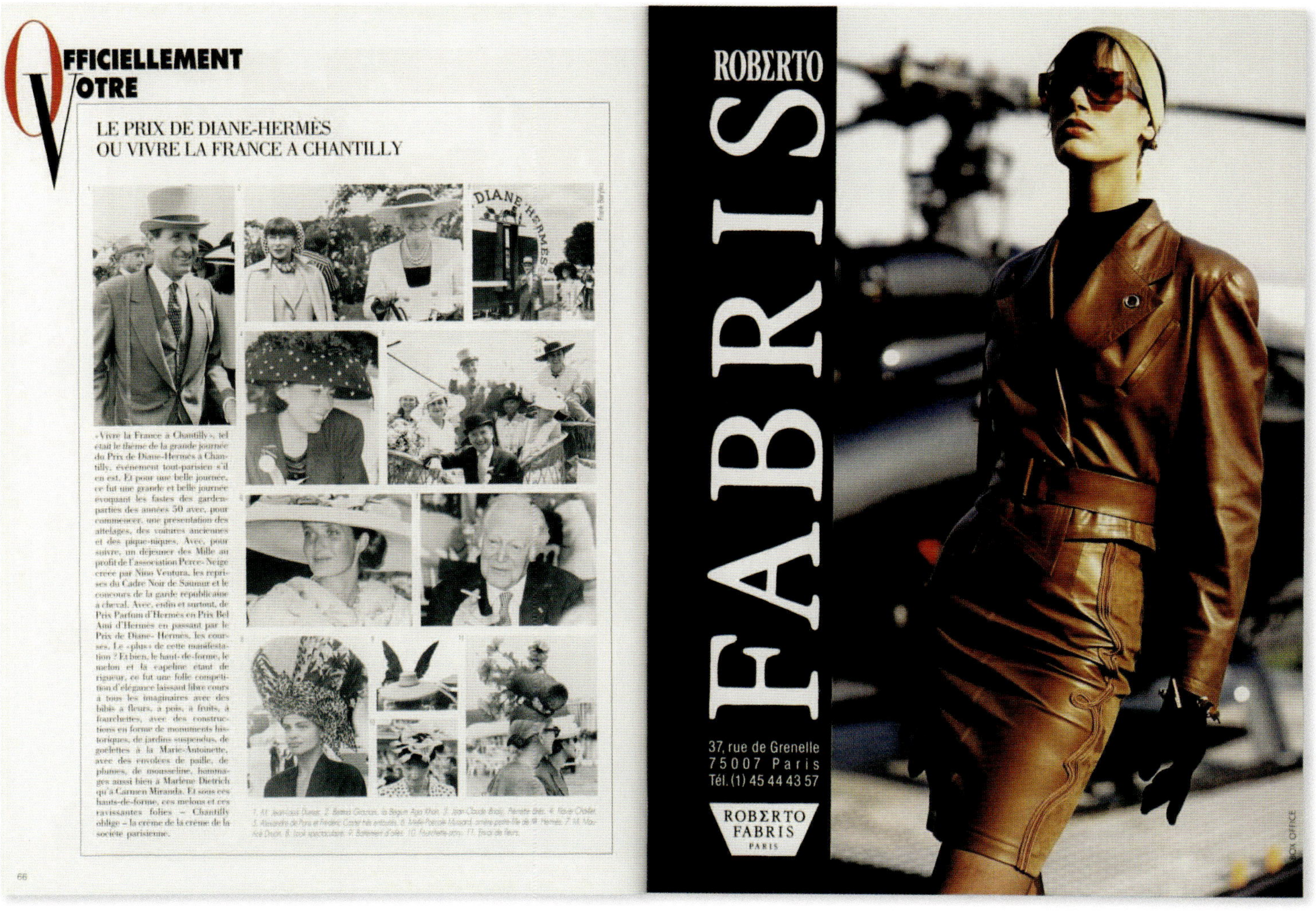

Marée de chapeaux pour les hommes des hippodromes

Chapeau melon
et culotte courte

Les grands noms des courses

Omar Sharif
« J'aime les chevaux, je les ai toujours aimés. Avoir des chevaux quand on est vieux, c'est bien, cela donne un but : on espère toujours tomber sur un champion un jour. Je possède sept ou huit trotteurs. Je fais dans le prolétaire, maintenant.
Je jouis du spectacle. Et puis il y a les nocturnes. J'adore les courses en nocturne. J'arrive à Vincennes vers 7 heures, j'en repars à 11. Je dîne, je bois, je joue un petit billet. »

Alain Delon

« L'homme et le cheval sont le couple moteur à l'origine de la grande histoire des courses. Le spectacle de ces joutes hippiques est suivi par toutes les classes de la société. Du plus puissant au plus humble. La grande histoire continue grâce à ces fous mais néanmoins sympathiques prêts à tout pour assouvir leur passion, jusqu'à en perdre leur fortune. Et même si l'hippisme est devenu une industrie avec ses étalons-or et ses coups de Bourses autour d'un ring de vente, la réalité est toujours sur la piste... » *

Françoise Sagan

« J'éprouve pour le cheval un mélange d'admiration, d'exaltation et de ferveur tout-à-fait à part. Cet animal me transporte. Sur les champs de courses, l'arrivée, le passage de ces chevaux si beaux, si déliés, si forts et si fragiles - cette grâce, cette nervosité, cette respiration - quelque chose dans l'encolure, dans le frémissement, dans l'allure, quelque chose de fier, d'un peu farouche, cette crinière, cette robe, me fascinent et me touchent... J'avais remarqué un cheval qui s'appelait Launay. Il m'avait frappé par sa beauté. Mais il n'avait aucune chance : il était à soixante contre un. Alors je l'ai joué. Il a gagné. J'étais aux anges ! Quinze jours plus tard, je suis retournée sur l'hippodrome de Saint-Cloud. Et le soir je suis rentrée à la maison... à pied. J'avais tout perdu ! Dans ces conditions-là, Saint-Cloud c'est loin. Il faut traverser le bois de Boulogne... » *

Gustave Flaubert
Extrait de *L'éducation sentimentale* :
« Les jockeys, en casaque de soie, tachaient d'aligner les chevaux et les retenaient des deux mains. Quelqu'un abaissa le drapeau rouge. Alors tous les cinq, se penchant sur les crinières, partirent. Ils restèrent d'abord serrés en une seule masse ; bientôt elle s'allongea, se coupa ; celui qui portait la casaque jaune, au milieu du premier tour, faillit tomber ; longtemps, il y eut de l'incertitude entre Filly et Tibi ; puis Tom Pouce parut en tête ; mais Clubstick, en arrière depuis le départ, les rejoignit et arriva le premier, battant Sir Charles de deux longueurs ; ce fut une surprise, on criait ; les baraques de planches vibraient sous les trépignements ».

La reine Elisabeth d'Angleterre

Grande passionnée des courses hippiques, elle ne manque jamais un Derby. Propriétaire d'une écurie, cette fervente admiratrice des chevaux déclare : « C'est un des derniers grands sports qu'il nous reste : un peu de danger et un peu d'excitation, et les chevaux, qui sont la plus belle chose du monde. »

Marie-Antoinette de France

Le Pharaon et le Tric-Trac, voilà les jeux à la mode sous le règne de la petite autrichienne. Elle s'y adonne avec ferveur pendant de longues nuits au grand dam de sa mère l'impératrice Marie-Thérèse. Marie-Antoinette aime le jeu, mais elle voue aussi une passion pour les chevaux (elle organisait des courses de traîneaux dans les jardins enneigés de Versailles).

Son beau-frère, le Comte de Provence, lui fait part de la nouvelle mode anglaise : parier sur des courses de chevaux. C'est l'engouement. Chevaux, jeu, mode... il n'en faut pas plus à la reine pour faire du pari hippique sa nouvelle attraction ! Alors qu'elle caressait un cheval avant la course, le Comte d'Artois s'exclama : « Si vous le touchez, Madame, il devient alors invincible ! ».

Charles Bukowski
Extrait de *Women* :
« Nous nous sommes de nouveau disputés. Je suis retourné chez moi, mais je n'avais pas envie de rester là, à boire en Suisse. Il y avait des courses de trot attelé en nocturne. J'ai pris une bouteille et suis parti au champ de courses. Je suis arrivé en avance, j'ai choisi mes chevaux. Quand la première course s'est terminée, la bouteille était déjà plus qu'à moitié vide. Je mélangeais son contenu à du café brûlant et la mixture passait comme une lettre à la poste.
J'ai gagné trois des quatre premières courses. Puis j'ai gagné un couplé dans l'ordre, si bien qu'à la fin de la cinquième course, j'avais près de deux cents dollars d'avance. Je suis allé au bar et j'ai consulté le tableau d'affichage. Ce soir là j'avais droit à ce que j'appelais « un bon tableau d'affichage ». Lydia aurait été folle de rage si elle m'avait vu ramasser tout ce pognon. Elle n'aimait pas que je gagne aux courses, surtout quand elle perdait. J'ai continué à boire et à raquer. À la fin de la neuvième, j'avais neuf cent cinquante dollars d'avance et j'étais fin saoul. J'ai mis mon portefeuille dans une poche intérieure et j'ai marché jusqu'à la cabine et j'ai composé le numéro de Lydia. »

* Extraits de *Le grand livre des courses, José Covès, Emmanuel Roussel. Canal+ Éditions*

LE PARI ET LA PRESSE

Par Gérard de Chevigny, journaliste hippique

Assumant le relais entre les courses et leur clientèle, la presse a évidemment eu de tout temps un rôle capital sur la perception que se fait le public d'une institution associant bon gré mal gré deux passions qui procèdent d'élans *a priori* fort peu conciliables : l'amour du sport et l'amour du jeu... Lumière et ombre. Exploit et combine. Gratuité et spéculation...

Lourde responsabilité que celle de cette presse : elle engage l'image des courses et l'idée que s'en feront aussi bien le néophyte que l'initié : soit elles auront bonne presse, soit mauvaise presse.

Écrire ou décrire, annoncer ou dénoncer, peindre ou dépeindre, complaire ou déplaire, céler ou déceler : l'intervention des journalistes est une combinaison de toutes ces alternatives. Cela dure depuis près d'un siècle et demi...

Dès leur genèse, les courses ont suscité des relations écrites dans la presse, mais les publications spécialisées se sont d'abord limitées à des recueils périodiques, distribuées par abonnement, à commencer par « Le Journal des Haras, Chasses, Courses de Chevaux et d'Agriculture Appliquée à l'Élève du Cheval et des Bestiaux en Général », fondé en 1828.

Les courses en France ont véritablement enregistré leur élan définitif sous la Monarchie de Juillet, sous l'influence de la Société d'Encouragement et la protection du Duc d'Orléans - date clé : le premier Prix du Jockey-Club en 1836.

Le Jockey, dès 1864...

Avant que ne paraîsse le premier grand titre spécialisé et destiné au grand public, Le Jockey, créé en 1864, les quotidiens parisiens généralistes publiaient déjà les partants probables. Un marché naîssant, où vinrent ensuite prendre place Auteuil Longchamp en 1884, puis Paris Sport en 1886, avec la particularité de paraître le soir avec une partie des résultats consignés l'après-midi même..., L'Écho des Courses en 1896, La Veine en 1904 (version du matin issue des mêmes presses que Paris Sport).

Une ère nouvelle des courses en France s'est ouverte en 1930, quand le Pari Mutuel est devenu urbain, ainsi autorisé à enregistrer des paris hors des hippodromes, accédant à de considérables possibilités en matière de clientèle nouvelle. La presse n'a évidemment pas manqué de saisir l'opportunité.

La médiatisation des courses allait s'exposer à une évolution majeure de son contexte, avec la naissance du Tiercé, dont le premier support fut le Prix Uranie, disputé à Enghien le 22 janvier 1954 - même si, sur le moment, la presse hippique se montra réservée sur ce nouveau jeu. Mais un véritable phénomène social était en marche. Il modifiera considérablement l'approche de la grande presse à l'égard des courses. Les pages hippiques, dédaignées par maints grands patrons de quotidiens, ont néanmoins commencé à faire leur apparition dans les titres les plus nobles, qui ont donc cédé une place croissante de leurs contenus à une matière volontiers considérée comme plébéïenne, sinon même peu recommandable.

Revue
« Le Sport Universel Illustré »

212 LE SPORT UNIVERSEL ILLUSTRÉ

OLD STONE MONTÉ PAR SON PROPRIÉTAIRE M. RENÉ PELTZER.

MM. Hodson et Phibbs (Angleterre), du Club de Bruxelles. Nous avons pu constater la supériorité évidente de la tactique des Anglais en double et, certes, nos joueurs ont encore beaucoup à apprendre sur ce point, de leurs aînés les Anglais. Les couleurs liégeoises, représentées par MM. de Rossius et Nagelmackers, ont cette fois été moins heureuses. MM. Fernand et Maurice Cattoir (Bruxelles), après une lutte émotionnante, ne leur ont pas permis de se classer dans la demi-finale.

Demi-finale : MM. Hodson et Phibbs (Bruxelles);
Fernand et Maurice Cattoir (Bruxelles);
Léon et Willy Le Maire de Warzée (Spa);
Julien et Pierre Walckiers (Bruxelles).
Finale : MM. Hodson et Phibbs;
W. et L. Lemaire.

Souhaitons de voir ces intéressantes réunions se multiplier, surtout à Bruxelles où les joueurs sont particulièrement nombreux. Peut-être pouvons nous espérer, à l'occasion de l'Exposition de Bruxelles de 1897, et grâce à l'infatigable initiative d'un zélé sportman, M. le capitaine Reintjens, voir chez nous des fêtes de lawn-tennis dignes d'une capitale.

W.

Le concours de chevaux de Tervueren

Nous comptons, dans notre prochain numéro, publier de nombreuses vues de l'Exposition organisée à Tervueren par la Société Nationale des Éleveurs Belges et la Société Royale Hippique de Belgique. Ce concours, comme ceux des années précédentes promet d'être des plus intéressants, tant par le nombre des inscriptions que par la qualité des sujets présentés. On lira sans doute avec intérêt la préface du catalogue des chevaux de trait, due à la plume autorisée de M. le chevalier Hynderick :

La Société Nationale des Éleveurs Belges et la Société Royale Hippique de Belgique se sont associées pour donner leur concours annuel de 1896.

Il y a tout lieu d'espérer que dorénavant cette entente se maintiendra et que les expositions chevalines du cheval de trait, du pur-sang et du demi-sang se feront simultanément les autres années.

Remarquons ici que la Belgique ne possède pas comme la France, l'Allemagne, l'Autriche-Hongrie l'influence gouvernementale des haras qui imprime à l'élevage du cheval une direction puissante et persistante grâce aux traditions qui subsistent par ces administrations et grâce aussi aux ressources budgétaires qui dans ces pays sont libéralement offertes aux différentes branches de l'industrie nationale chevaline.

Je ne préconise pas l'institution des haras en Belgique, parce que, à côté de sérieux avantages, ils offriraient pour nous des inconvénients incontestables, mais il me semble que les éleveurs approuveraient à l'unanimité la nomination d'une commission permanente d'hommes compétents qui discuteraient les questions hippiques et auraient dans leurs attributions le soin de faire appliquer les mesures qu'ils auraient adoptées pour développer et améliorer la population chevaline de notre pays.

Si la Belgique pouvait ainsi grouper et diriger vers le même but les efforts individuels et particularistes qui se produisent aujourd'hui, l'élevage marcherait plus rapidement encore vers l'amélioration croissante, progressive du nombre et de la qualité de nos chevaux.

Le onzième concours annuel a réuni 465 inscriptions de chevaux de trait, ce nombre beaucoup plus important que celui de l'an dernier, donne la mesure exacte de la vitalité de notre production ; il prouve aussi combien ces expositions annuelles sont nécessaires. C'est au concours que l'éleveur se rend compte de la valeur de ses produits; il y complète son éducation, il apprécie les efforts qu'il doit encore tenter pour arriver à ce progrès qu'il aperçoit et qu'il désire atteindre.

La Société tenant compte du désir manifesté par un grand nombre d'éleveurs a modifié la composition des jurys. Pour la première fois, chaque jury sera formé de trois membres dont l'un, *Arbitre*, n'interviendra qu'à la demande des deux autres pour trancher tout différend, en cas de désaccord sur un point déterminé. La décision arbitrale sera sans appel . . . .

Nos chevaux viennent de remporter de nombreuses récompenses au concours de Stuttgart. M. Meulenberg a enlevé presque tous les premiers prix dans les classes de trait avec des sujets achetés dans les meilleures écuries du pays. Soyons fiers de cette belle race, qui est pour la Belgique une source de prospérité; conservons-la en développant encore ses qualités; ne restons pas stationnaires, progressons sans cesse, car en agriculture comme en industrie, comme dans toutes les sciences, l'immobilité c'est la mort. Chev. G. Hynderick.

BROWN MARE MONTÉE PAR SON PROPRIÉTAIRE M. RENÉ PELTZER AU CONCOURS HIPPIQUE DE NAMUR, 1896.

Boom du Tiercé : la grande presse ouvre ses colonnes

Jaloux de leur lectorat, ils ont quand même bien saisi que dans l'électorat, le plus grand parti de France était celui des tiercéistes, mot nouveau bientôt passé dans le langage commun.
Pour chaque journal d'opinion, car il n'est de journal d'opinions au pluriel, le lecteur est soigneusement entretenu comme un électeur. Les clients du PMU n'en étaient pas moins des électeurs à part entière - et, plus prosaïquement, constituaient un marché qui a culminé à quelque huit millions d'individus, joueurs du dimanche, chacun l'a reconnu... Au demeurant, ces clients de pages hippiques ont apporté une obole salvatrice à bien des titres en difficulté économique. Pas si malvenus que ça, en fin de compte... Quand un Paris-Turf tirait à 400 000 exemplaires, les comptables du groupe mesuraient la bonne affaire, à l'actif d'une caisse où les passifs de l'Aurore leur donnaient des cheveux blancs.

Quelques réfractaires, de La Croix à L'Équipe

L'autre grand parti, c'était celui des téléspectateurs. Les uns après les autres, dans la foulée du France-Soir de la grande époque, la plus large part des grands titres nationaux dits d'opinion a donc dépassé ses scrupules, offrant des pages entières au turf, avec cependant quelques exceptions, de La Croix à... L'Équipe, le grand quotidien du sport, qui a singulièrement toujours ignoré les courses !
N'empêche ; ici et là, les rubriques Tiercé et Télé n'ont pas tardé

Maurice Bernardet

Léon Zitrone et son altesse Aga Khan

José Covès

à enterrer les rubriques Religion et Philosophie... Même si, dans les rédactions, les services hippiques étaient identifiés sous le persistant sobriquet de crottin.

Jusque là, la relation des courses dans les plus grands médias généralistes privilégiait leur contexte mondain, grand monde, à l'image des pages glacées de « Le Sport Universel Illustré », à côté des rubriques Yatching et Jumping. À cent lieues du ghetto du flambeur.

De A (comme anonyme) à Z (comme Zitrone)...

L'information radiophonique, puis télévisuelle (sur chaîne unique, à sa genèse, avec une première sur un premier Tiercé en direct, le 17 juin 1956), n'a pas manqué de se saisir du phénomène Tiercé, mettant des voix et des visages sur les professionnels d'un journalisme jusqu'alors confiné à l'écrit.

En somme, c'était l'éclosion d'une nouvelle espèce de journalistes, bien identifiés, relayant les plumes plus ou moins anonymes qui s'exprimaient au quotidien sur papier ; et ce, essentiellement dans les journaux spécialisés et pour une clientèle spécialisée, tels les incontournables Paris-Turf et Sport Complet, eux-mêmes successeurs du Paris Sport lequel avait régné sur le marché pendant plus d'un demi-siècle et n'a pas résisté à la Deuxième Guerre Mondiale, où ses titres en allemand n'ont pas tardé à le faire condamner pour collaboration...

Un autre regard sur le monde des courses

Ces hommes de radio et de télévision, icônes aux noms mythiques de Léon Zitrone, Ben, Bernardet, ont conjointement mis leur connaissance et leur approche des courses, à la fois « people » et « peuple », au service de l'écrit. On notera que le journal qu'ils avaient créé, sous le titre de Week-End, était hebdomadaire (six parutions par semaine aujourd'hui...), comme le Tiercé, avec sa connotation « loisir » qu'exploitaient conjointement ses rubriques de jardinage et culinaires.

Ben aux côtés de son altesse Aga Khan

Jean-Luc Lagardère et Freddy Head

Marcel Boussac et Georges Pompidou

Exposés sur écran, sur ondes et sur papier, ces grands prêtres ont grandement participé (avec la bénédiction de leurs diffuseurs et à leur grand bénéfice) à sortir le monde des courses de son anonymat.
Par leur intermédiaire, jockeys, entraîneurs, propriétaires prenaient corps, désormais rendus accessibles à un grand public qui avait toujours globalement pensé que le milieu des courses était totalement fermé sur lui-même, obscurantiste, intrigant, tirant les ficelles à son profit.

Les marchands de martingales

Cette nouvelle approche des courses par des médias novateurs, qui ont pénétré ce monde et lui ont permis de s'ouvrir à l'extérieur à la faveur du Tiercé hebdomadaire, a été exploitée en abondance, et bientôt en surabondance, avec une spectaculaire démultiplication des titres hippiques à durées de vie variables dans les kiosques ; le boom du Tiercé a généré un boom de publications, dont un nombre croissant spéculant sur la crédulité d'un public désormais captif de l'illusion du bon tuyau.
Une floraison de feuilles de chou s'est nourrie à ce filon, vendant des pronostics et des pseudo-confidences tenues évidemment de bonne source (jockeys, consultants, vedettes du monde des médias sinon même du showbiz), recueillis par nos reporters spéciaux - endossant un jeu de rôle mi-paparazzi, mi-Rouletabille...
Les expressions « donner le Tiercé », « être les seuls à l'avoir donné » ont peuplé les manchettes. Et surtout, celles des journaux qui, pour « le donner » à coup toujours plus sûr que leurs concurrents, ont subrepticement démultiplié le nombre de pronostics différents pour une seule et même course. Pages de pronostics de professionnels, entre ceux de Monsieur Z et de Madame Astroflash, en passant par ceux du Mathématicien ou par les chiffres et les couleurs favoris du Zodiaque... La méthode la plus sûre de le donner étant évidemment d'étendre les combinaisons jusqu'à sept ou huit numéros.

…ours produits de la race chevaline.

(Photo Claude Rety)

… quatre « chapitres »

…en perdition, cette …sparaît. La confiance

…ur a fait état des … en matière d'impôts …r :

… de l'immobilisa… de l'année de year…

…e l'actif ;
… des amortisse…

…earlings en plus…e ;
…es plus-values à

…de l'amortisse… de 10 à 8 ans.
…xtension néces…

…anés par la cir… 984 (imm…

étant essentiellement le nombre de réunions qui confère, aux diverses sociétés de province, des responsabilités très différentes.

Il est donc apparu nécessaire d'actualiser les statuts d'une certaine catégorie de sociétés de province.

Deux axes de travail ont donc été retenus : la détermination des sociétés rentrant dans cette catégorie et l'élaboration des statuts actualisés pour les sociétés concernées.

Les critères de choix étant un c… fre d'affaires minimum d… de francs et un nomb… dix réunions.

Dix-sept… donc…

Au Comité Consultatif des Co…

« Rendre les hippodromes et le P… plus attractifs qu'ils ne son… » a souhaité M. Michel Rocar…

LE Comité Consultatif des Courses s'est réuni une nouvelle fois au ministère de l'Agriculture. C'était le jeudi 17 janvier. Son ordre du jour était chargé (un peu trop peut-être) mais particulièrement intéressant avec quatre rapports établis par les groupes de travail concernés : « Protection sociale des salariés (lads) », « Fiscalité des éleveurs », « Réforme des Sociétés de province », « Modernisation du P.M.U. ».

Si les trois premiers ont été écoutés et discutés avec sérieux et courtoisie, il n'en a pas été de même pour le quatrième, pourtant le plus important, l'avenir des courses en France dépendant de la rapidité d'installation de cette modernisation. L'ambiance du Comité Consultatif s'en est ressentie. A tel point que M. Guy Carcassonne, attaché au cabinet du ministre de l'Agriculture, a déclaré dans ses propos de conclusion de la réunion :

« Le Comité Consultatif a bien travaillé et fait avancer la réforme des courses depuis sa création. Sauf sur le point essentiel qu'est la modernisation du P.M.U. Je suis surpris par la tension constatée dans cette salle. Pourquoi une telle lutte de personnes ? La vraie question est simple, c'est l'avenir de l'institution des courses. »

Il a fait comprendre ensuite qu'il était nécessaire que le représentant qualifié du P.M.U. revienne participer au groupe de travail sur la modernisation.

Il appert que la direction du P.M.U. ne veut pas que les rapporteurs du groupe de travail interviennent entre le P.M.U. et la Société Matra, chargée de la fabrication en série du matériel. Il y a blocage apparemment. Le Comité Consultatif n'a pu, de ce fait, entendre le rapport de MM. Yves Décrion et Philippe Houdart, sur les moyens notamment de pallier aux problèmes actuels.

Le rapport (établi à la demande du Comité Consultatif dès l'été) de M. Jacques de Saint-Sauveur sur le financement de cette modernisation a, par contre, pu être entendu. On a appris que la Société Matra avait eu de sérieuses difficultés, pour diverses raisons (?), mais qu'elle avait repris le cours de ses fabrications, comme l'a déclaré M. Blot, président du P.M.U. M. Blot répondait à M. Jacques de Saint-Sauveur pour actualiser les données chiffrées. Certaines attirèrent d'ailleurs une mise au point de M. Jean-Pierre Launay, directeur des Haras Nationaux.

Une seule certitude : le coût f… de cette modernisation …

son ensemble pour fonctio… va dépasser les prévisions … souhaité que l'Etat prolong… décembre 1985 les dispositi… sent actuellement au Fonds … sation le bénéfice des centi… paris payés. Mais pour c… temps ? Une des causes du … des oppositions internes, est l…

En fait, comment les … vivraient-elles, d'ici 1987, sa… promotion, sans nouveaux jeu…

Michel Rocard, ministre de l'… ture, avait situé ce réel problè… ses propos liminaires que nous … par ailleurs. Et chacun avait o… chef.

Tout avait donc bien commencé…

Il ne faudrait pas croire, en effe… cette réunion du Comité Consultat… Courses n'a pas été positive. M. … ques Géliot, qui la présidait, l'a … ment souligné. Si l'on achop… modernisation du P.M.… question se régle… que par l… sur…

« Attachons…

L'affaire du Prix Bride Abattue

Les parieurs "inspirés…

LES jockeys ont cédé la place aux joueurs dans la salle d'audience de la 13e Chambre correctionnelle de Paris où se poursuivaient lundi, les débats du procès du Prix Bride Abattue.

Mais avant d'interroger ces joueurs « inspirés », qui surent si bien pronostiquer le tiercé truqué, le président fait un exposé de mathématique hippique pour expliquer le mécanisme de la fraude et la façon dont les services du P.M.U. s'en sont aperçus.

Les inculpés, et plus probablement leurs commanditaires, savaient que neuf chevaux …ent sur vingt-…

dans l'ordre et cinq fois dans le désordre. Les favoris étant éliminés, le tiercé a fait ce jour-là 13.468 francs dans l'ordre et 2.355 francs dans le désordre ; soit exactement 25.243 francs pour 1.512 francs.

Le matin de la course, à partir de 10 h 30, le P.M.U. de Marseille signalait à Paris *une accumulation anormale de combinaisons complètes rarement utilisées dans une course de vingt-quatre partants où l'on préfère le système du champ complet. Par la suite, le P.M.U. a essayé de faire la comparaison avec une course analogue à celle du Prix Bride Abattue et l'on a constaté par exemple : à Toulon, …bordereaux au lieu de 805, … au lieu de …*

…nant pour une affaire de vol au domicile de Vincent Ascione, à Marseille, découvrit par hasard dans un placard une centaine d'enveloppes contenant 840 bordereaux du Prix Bride Abattue, couru le 9 décembre précédent. C'étaient les bordereaux perdants.

Sur le moment on se contenta d'une brève explication :

« J'ai joué gros parce que je pensais avoir un bon tuyau, mais je n'ai pas eu de chance, *déclara Ascione.* Comme je ne pouvais pas moi-même les faire valider dans plusieurs bars-tabacs, je me suis adressé à deux chauffeurs de taxi inconnus qui avaient cependant une bonne figure. Ils me les ont rapportés. »

L'enquête sur le Prix Bride Abattue n'en était qu'à ses débuts et Ascione n'a pas pu être interrogé plus à fond. Le 15 mars suivant, il était abattu d'une rafale de chevrotines au cours d'un règlement de compte, car nul ne doute, malgré ses fonctions …teur d'une maison de … Marseille,

« Un ami me l'a pré… en me demandant d'alle… caisser pour lui un … gagnant, *déclare par … ple Antoine Rigat.* J'ai … rendre service. Au … bac, on m'a envoyé a… du P.M.U. où l'on … mon nom et mon … sans me donner le c…

Il s'agissait d'un t… 252.000 francs.

« Je ne sais mê… jouer au tiercé, dé… *…gat,* et dans cette af… perdu mon emploi … de service dans un … de manutention. »

Jean Caillol, m… accepté de rendre … service à la dema… beau-frère et pou… d'Ascione. Le … P.M.U. se trouv… chemin.

« On ne m'ava… promis de récom… le seul résulta… c'est que penda… en prison, ma … profité pour d…

Après les par… lais, le tribuna… toulonnais et l… les parisiens … la com…

ses
...U.

LA GRANDE ARMEE DES RUM...
ALLURE HARASSANTE DE TRAQ...

Le frère et le neveu de Pierre Carrus sortent de leur réserve. Ils dénoncent les rumeurs, la désinformation et les procès d'intention de la campagne menée contre la famille d'André Carrus, fondateur du P.M.U. et inventeur du TIERCE

DEPUIS quatre mois, une campagne savamment orchestrée et relayée par certains médias met en cause notre honorabilité et la crédibilité des entreprises que nous dirigeons. Certains, qui nous ont accusés d'avoir mis la main sur le P.M.U., cherchaient peut-être à y jouer un premier rôle.

Le procédé est classique. Nous nous sommes refusés à la polémique, l'estimant nuisible à tous. Nous espérions que le bon sens reprendrait ses droits. C'est la diffamation qui l'a emporté.

Puis nous avons attendu, et nous attendons encore, une réaction des instances dirigeantes de l'Institution.

Aujourd'hui, nous estimons que trop, c'est trop. Nous attaquons en justice ceux qui nous ont porté tort par leurs déclarations et allégations mensongères.

Dans cette page, nous voulons rétablir la vérité, à l'intention et à l'appréciation de tous ceux qui œuvrent pour cette Institution dont nous faisons partie et à la prospérité de laquelle la famille Carrus a largement contribué depuis près d'un siècle.

Sans doute avec une certaine amertume mais sans agressivité, en donnant un certain nombre de préci... été facile aux auteurs de cette campagne et à leurs complices de vérifier en prenant la peine... de médisances, de calomnies et de c...

...PINCE A LA PUCE ...UN SIECLE ...PARI MUTUEL

...par Albert Chauvin du Pari Mutuel ...sur un système d'enregistrement manuel

...étés de courses confient au Pari Mutuel ...l'organisation du pari mutuel sur leurs ...mes. Le système fonctionne en outre ...sieurs pays d'Europe de l'Est et en Espa-...

...Carrus, polytechnicien, ingénieur en chef ...ts et Chaussées, succède à son beau-père ...ction du Pari Mutuel Chauvin.

...trat de gestion est accordé par les cinq ...parisiennes au Pari Mutuel Chauvin et à la ...S.E.P.M.O. pour l'organisation du Pari ...Urbain.

...trement du pari jumelé sur les hippodromes ...première fois en France par le Pari Mutuel

...la formule de « gestion » du P.M.U. à la ...d'André Carrus qui estime que, pour ...l'esprit de la loi de 1891, les cinq so-...siennes doivent assumer directement et ...à leur unique profit l'exploitation du ...direction technique est alors contrac-...confiée à André Carrus ainsi qu'au ...la S.E.P.M.O. Cette formule est ap-...doptée par les ministères de tutelle.

...ingénieur diplômé du M.I.T. en ...en mathématiques, entre au Pari

...(mathématiques appliquées) entre ...hauvin.

...hauvin commence à étudier un ...trement automatique des paris ...ystème manuel.

...le Pari Mutuel Chauvin du ...aux encochés qui est immé-...le P.M.U. pour l'enregistre-...mbinaisons.

...drome de Vincennes par le ...premier système électro-...es d'enregistrement auto-...rios.

...Norvège et au Chili de ...çus et mis au point par

...r le conseil d'adminis-...on du P.M.U.

...herche et de dévelop-...es et Matériels de ...ngénieurs et techni-...jusqu'alors au Pari

...dromes de Long-...ry d'un système ...veloppé, mis au ...naux d'acquisi-...veté d'impres-...erminaux de ...ble de com-...application, ...orque. Ce ...au monde ...paris, les ...que les

...nt et de ...n de la ...ploitant ...ler en ...irects

...utili-...velle

La chronique d'André Théron

Le P.M.U. fait banco à Monac...

LE rocher monégasque a parfaitement réussi son évolution en hauteur. En échange des communes de Menton et de Roquebrune, le Traité de Paris, conclu le 2 février 1861 entre l'empereur Napoléon III et le prince Charles III, ouvrait une ère nouvelle au plus petit des états européens.

Si, de nos jours, Monaco évoque irrésistiblement son casino, son rocher, son circuit automobile qui se court dans la ville même, son nouveau stade et, dominant les quartiers de la Condamine et de Fontvieille, le palais princier, la principauté c'est aussi la puissance de l'arg... les bienfaits qui...

hippique rencontrait le 1er novembre dernier un partenaire sérieux et raisonnable. L'accord signé entre les deux parties fera-t-il, enfin, jurisprudence sur le plan européen et méditerranéen ?

Jusqu'à cette date qui pourrait devenir historique, de nombreux pays ont utilisé la machine hippique française sans pour autant nous en ristourner de royalties. Avec l'accord conclu à Monaco entre André Cormier, directeur du P.M.U., et Roger Passeron administrateur de... monég...

ses. Fasse que ce contrat, av... prochaine échéance de 1992... Marché Commun, devienne a... cle de loi. Mais ne nous le... chons pas, la concurrence s... très dure, sinon impitoyab... Déjà la firme de bookmake... Ladbrokes, numéro un en Angl... terre, a pris pied en Belgiqu... (l'un de nos « clients » les plu... importants). Même si les résultats escomptés ne correspondent pas tout à fait à la réali... prise est s...

...e pas ...dit-il, ...moi ...j'étais ...en a ...er. »
...arseil-...dra les ...es, puis ...jouèrent ...Patrice ...disparu,

La sous-culture du tuyau

Les plus grands journaux spécialisés (Paris-Turf essentiellement), brandissant leur crédibilité dans ce maquis, se sont exposés à cette concurrence sauvage, tenant même du piratage, tant leurs journalistes et pronostiqueurs ont été plagiés.
Il y aura ensuite pour Paris-Turf la décision de publier les partants dans l'édition J - 1, respectueuse du souci de donner plus de temps au joueur pour faire le papier ; oui, mais voilà : pour le prix d'achat d'un seul numéro, quiconque avait toute la matière et vingt-quatre heures devant lui pour tout copier, courir chez son imprimeur et sortir un journal avec les programmes au jour J. D'aucuns en ont fait des choux gras...
C'était la rançon du succès du PMU, quitte à entretenir complaisamment sa clientèle au niveau de cette presse de caniveau, dans la sous-culture du tuyau. De fait, alors que les courses bénéficiaient d'un contexte économique exceptionnellement favorable et d'une couverture médiatique particulièrement ample mais où, fatalement, le meilleur côtoyait le pire, leur image et celle de leur clientèle n'ont pas évolué.

Lectorat captif : médaille et revers

On l'a notamment constaté, quand les courses ont commencé à solliciter les mannes du sponsoring, pour leurs plus prestigieuses épreuves, et se sont exposées à beaucoup plus de fins de non-recevoir que d'adhésions... Idem pour les services de publicité des derniers grands journaux spécialisés, très peu soutenus comme supports de pub, malgré des chiffres de diffusion qui affichent une résistance à l'érosion supérieure à la moyenne, dans l'actuel contexte de diminution des ventes de la presse papier généraliste quotidienne.
Cette circonspection cyclique à l'égard des courses et de leur clientèle, on la constate aussi quand on étudie les rapports en dents de scie que se sont opposées l'institution des courses et les grandes chaînes de télévision, surtout avant leur privatisation : s'y succèdent les périodes où c'est l'institution qui a dû payer les diffuseurs pour qu'ils distribuent les images des courses, et celles où, à l'inverse, ce sont les chaînes qui ont payé l'institution pour disposer des images.

Quelle place pour la presse à scandale ?

Aucun secteur n'est exempt de scandales. Les courses ont eu les leur, à l'instar du funeste Prix Bride Abattue, et de son arrivée truquée,

André Théron et Freddy Head

Marcel Boussac

en 1973. L'homme qui était à la source de cette monumentale escroquerie, Patrice des Moutis, parvint à mettre une certaine presse de son côté, se présentant comme la victime du PMU et de l'institution, et comme le défenseur des petits parieurs.
Les courses semblent se prêter implicitement à la presse à scandale, dès lors qu'elles réunissent tous les ingrédients du sensationnel (un milieu, des personnages, et un objet intrigant, communément qualifié de glorieuse incertitude du turf).
Une certaine presse a occupé ce créneau hasardeux, se positionnant sur le terrain démagogique de la défense du joueur, sachant qu'il y a nécessairement plus de perdants que de gagnants au sein d'une même clientèle. Le souci, c'est de récupérer le scoop, surtout celui qui capte l'indignation du joueur. Il faut pour cela assez de scandales ou de pseudo-scandales pour alimenter les pages. Pas trop non plus, car agiter le spectre de l'arnaque, c'est dissuader de jouer, et donc d'acheter le journal...

La liberté de propos, jusqu'où ?
La presse quotidienne spécialisée est là pour dénoncer les escroqueries ou les anomalies, quand il y a lieu de le faire. Elle est là pour réagir, se substituant d'ailleurs souvent à des commissaires soit peu regardants sur les coups éventuellement louches, soit préférant les mettre sous l'éteignoir...
Parfois, il lui en coûte. L'histoire retient les noms d'éminents journalistes (notamment le sacro-saint Jean Trarieux) qui ont perdu leur place pour la liberté de propos qui dérangeaient leurs employeurs - sachant que, très souvent, il s'est agi de propriétaires de grandes écuries, ayant pignon sur turf (du Duc Decazes, qui eût pour grand argentier François Dupré, à Jean-Luc Lagardère, en passant par Cino Del Duca et Marcel Boussac, pour ne citer qu'eux...)
Mais la vie privée des personnages publics que sont désormais devenues les vedettes du turf n'offre toujours pas de matière à exploiter de la part des éventuels marchands de presse à scandale. Cette réserve, propre à la presse française, distingue d'ailleurs cette dernière de la presse britannique, connue pour ses intrusions, au mépris de la ligne jaune.

L'impérative objectivité du pronostiqueur professionnel
Il existe pourtant dans le petit monde de la presse hippique une propension innée à crier au scandale au quotidien, du moins dans les salles de presse... Vociférations, harangues, dénonciations,

imprécations : pour peu que leurs pronostics s'avèrent calamiteux à répétition (la faute à la glorieuse incertitude du turf, en l'occurrence coûteuse), maints pronostiqueurs ne voient plus que du scandale, attribuant leur infortune au trucage, au dopage, au complot, et vouant à la vindicte leurs idoles de la veille, jockeys, entraîneurs, chevaux, sur le couplet tous pourris !
La douleur égare parfois. Le scandale, il réside alors dans le risque de manque d'objectivité, dans les relations du lendemain qui s'exposent à être teintées de propos vengeurs qui hument le règlement de compte personnel. Dès qu'on évoque l'impératif d'objectivité ressurgit le fameux débat qui oppose les deux conceptions du pronostiqueur-type : oui ou non, doit-il lui-même être joueur ? Oui, car c'est sa façon d'assumer. Non, car ses écrits sont la caisse de résonance de ses fortunes et de ses infortunes.

Jean-François Pré

Relations avec les professionnels des courses

Le monde des professionnels des courses, de plus en plus sollicité par la presse, quand on est progressivement passé du Tiercé hebdomadaire au Quinté quotidien, joue généralement le jeu.
Lui aussi a ses susceptibilités, justifiées ou pas, qui agissent sur sa disponibilité auprès de la presse, jusqu'à la fin de non-recevoir, le cas échéant. C'est l'information qui en pâtit, aux dépens surtout du grand public, celui-là même qui, de ses deniers, finance le système. Fut un temps où, pour sanctionner ces problèmes relationnels entre les professionnels des courses et la presse spécialisée, l'association des journalistes hippiques avait institué, à l'instar des Prix Orange et Citron, les prix « Favori de la Presse » et « Réclamer de la Presse ». D'un côté, il y a ceux qui font l'événement, les professionnels des courses, organisateurs et acteurs ; de l'autre, ceux qui le commentent. Souvent un monde les sépare, dans un climat de méfiance qui fait dire aux premiers que « l'Histoire n' a jamais été racontée que par les embusqués, qui souvent sont des pompiers pyromanes. Et en plus, ils ont toujours le dernier mot »...
La presse revendiquera toujours le droit à l'impertinence, qui

est estimée comme le mode d'expression de son imperméabilité à toutes les pressions.

À la croisée des chemins

Les courbes de croissance du jeu et celles de la diffusion de la presse spécialisée sont étroitement liées, pour autant que des facteurs externes prépondérants ne les perturbent pas (crise économique, pouvoir d'achat, concurrence d'autres opérateurs de jeux, saturation de l'offre...).
De fait, quand le rythme de croissance du PMU a commencé à fléchir au début des années quatre-vingt-dix, suite à l'apparition de la Française des Jeux et aux retards de l'informatisation du réseau de collecte du PMU, la presse et les sociétés organisatrices se sont renvoyé la balle. Emmenées dans le même mouvement de régression de leurs ressources, elle se sont mutuellement rendues responsables du manque d'évolution vers le haut de leur clientèle, façon notamment de conquérir les générations de renouveau de la clientèle.
Les courses, portées par le boom du Tiercé, avaient assurément vécu une période d'opulence, qui leur avait donné *a priori* les moyens de leur politique, mais le tiercéiste, devenu quartéiste puis quintéiste, était toujours bel et bien abandonné dans le ghetto du joueur...
Il est vrai que, durant des décennies, le PMU, monopolistique sur le marché du jeu, s'est abstenu de recourir à la publicité, et que son enracinement dans l'inconscient collectif n'a tenu qu'au relais de la presse. « La notoriété du PMU, c'est trois initiales imprimées cent fois », pouvaient paraphraser les éditeurs spécialisés.
La presse spécialisée, qui spécule sur le joueur averti (celui qui éprouve le besoin de faire le papier avec la meilleure information technique), fait face aujourd'hui à de nouveaux défis, mais avec des outils nouveaux, notamment l'image et Internet. Car, à la cadence où le joueur est désormais sollicité, une course tous les quarts d'heure, il n'a pratiquement plus le temps de faire le papier, comme on l'entendait autrefois, du moins.

Un secteur en pleine mutation

D'ailleurs, la presse papier généraliste n'a plus pu suivre. Dans la plupart des grands quotidiens grand public, les rubriques hippiques ont dû se confiner à un traitement de plus en plus succinct, dans un contexte limité de pages dites sportives où les autres sports n'ont cessé de briguer les mêmes espaces imprimés...
C'est certes une concurrence en moins pour les médias spécialisés

français, qui continuent d'intéresser les investisseurs (comme en a attesté la reprise de la quasi-totalité du secteur, il y a quelque trois années, par un fonds d'investissement anglo-saxon, qui n'entend nullement faire du mécénat, pour la bonne cause des courses).
Ils savent seulement que les courses sont ancrées à tous les niveaux de la société et mobilisent des motivations profondes, que rien ne pourra totalement réduire : amour du sport, amour du jeu...
Paris-Turf est né sur les cendres de Paris-Sport, en 1945, sous la forme de deux feuillets inclus dans France Libre, dans le contexte de contingentement de papier de l'époque. S'imposant bientôt comme le seul quotidien des courses, il a vu en 1958 Sport Complet se dresser sur sa route, l'un étant mis en vente le matin, l'autre le soir. Six ans plus tard, Paris-Turf absorbait Sport-Complet. Le titre sera un fleuron au sein du groupe Boussac puis Hersant, mais aussi une rente providentielle, auprès notamment de l'Aurore et du Figaro, ployant sous le poids de coûts de production dix fois plus élevés.

De France-Libre aux fonds d'investissement

La saga Hersant s'est progressivement achevée, des suites de la disparition de Robert Hersant en 1996. Quelques années se sont écoulées pour que le groupe Dassault parvienne à prendre le total contrôle de la Socpresse, dont le pôle hippique s'était entre temps enrichi du titre Week-End, cédé par le groupe Lagardère.
Mais, à peine venait-il de devenir propriétaire de la Socpresse, Dassault s'est débarrassé de son pôle de presse hippique.
En avril 2005, Paris-Turf et Week-End ont ainsi été rachetés par le fonds d'investissement Montagu Private Equity - lequel s'était déjà investi dans les publications En Direct (EDH), grandes rivales des Éditions France-Libre. En 1999, il avait été question déjà d'un fonds d'investissement, le groupe Carlyle, parmi les repreneurs intéressés par la Socpresse, mais l'affaire ne s'était pas concrétisée.

Les Éditions En Direct : ascendant sur Paris-Turf

Créé par Jean-Claude Seroul en 1964, sur la vague de la folie du Tiercé, EDH a essentiellement tablé sur des produits populaires, basés sur les jeux dits événementiels, qui, d'abord proposés à la cadence hebdomadaire du Tiercé, sollicitent maintenant le joueur à la cadence quotidienne du Quinté+. Exploitant cette même matière de l'événement, il y a consacré plusieurs titres distincts, déclinaisons d'un même produit sous différents emballages, en quelque sorte.
Il s'est longtemps gardé de venir sur le terrain de Paris-Turf,

seul à traiter de toutes les courses qui se disputent sur l'Hexagone, Paris et province compris, en amont (programmes, pronostics) et en aval (résulats, commentaires).
Une exhaustivité qui, effectivement, soumet Paris-Turf à de beaucoup plus lourdes obligations, et l'a de surcroît exposé à se faire abondammment copier par la concurrence, à partir de la discutable décision de publier les programmes, performances et pronostics à J -1 (courses du mardi dans le numéro en vente le lundi, et ainsi de suite).
En une quarantaine d'années, petit à petit, les Éditions En Direct sont parvenues à franchir la barre des 50 % de parts de marché sur le périmètre de la presse spécialisée, dont elles ont ainsi ravi le leadership à la Bible, Paris-Turf...

260 000 journaux par jour

Elles ont même pris place sur le terrain spécifique du quotidien qui traite de toutes les courses à enjeux nationaux (deux, sinon trois réunions complètes par jour, étiquetées PMU) - fût-ce de manière très succincte -, en sortant Paris-Courses à un prix d'appel moitié moindre que Paris-Turf...
Quand Montagu a mis la main sur les Éditions En Direct, celles-ci affichaient une diffusion dépassant les 50 millions d'exemplaires par an, avec ses quotidiens (Paris-Courses, Tiercé-Magazine, Bilto, Matin-Courses, La Gazette des Courses, Le Favori), ses mensuels (Turf Magazine, Stato) et son hebdomadaire (Lotofoot).

Lecture de la bible : *Paris Turf*

Avec l'appoint de Paris-Turf (quotidien dominant à environ 80 000 exemplaires en moyenne quotidienne) et de Week-End, Montagu s'est retrouvé à même de sortir 260 000 journaux de courses par jour, et d'occuper une position qualifiée de dominante, pour ne pas dire monopolistique. De fait, il ne reste guère que 10 % du marché pour les titres qui ne lui appartiennent pas...
Montagu, comme les autres fonds de pension, dans leur actuelle frénésie d'achats, applique des méthodes de gestion et des techniques financières toutes consacrées à la productivité (réduction des coûts, externalisation, délocalisation, polyvalence, recyclage...), privilégiant une logique comptable à court terme.
En l'occurrence, concernant son investissement sur la presse hippique française, Montagu est à l'affût des décisions des autorités

Pierre Desproges, pronostiqueur hippique en 1969

européennes, appelées à se prononcer sur la pérennité du monopole des paris en France.
La presse de masse crée des journalistes vedettes, sur le terrain des courses comme sur le terrain du sport, du foot à la F1. Des vedettes perçues différemment, cependant, car elles sont les confidentes d'un monde d'initiés dont le grand public s'imagine volontiers qu'il détient les clés secrètes de la fortune au jeu...
Ces journalistes vedettes émanent généralement de la presse spécialisée.

Grands du petit écran

Signer dans la presse spécialisée, c'est pourtant une expression journalistique d'un autre type. Son mérite n'est pas moindre.
Car son lectorat se compose en premier lieu des acteurs des courses, implicitement déjà informés de toute l'actualité, dès lors qu'ils la font. Pas le droit à l'erreur, à l'approximatif, quand les lecteurs sont autant des censeurs...
La notoriété, d'abord confinée aux hommes de plume, de tradition littéraire (très respectés Jean Trarieux et autres « Perplexe »), a donc désigné des profils différents, quand la radio et la télévision ont mis en scène des ténors d'un nouveau type.

Identifiés par leur voix, par leur « présence », et surtout par la systématisation de leurs apparitions, comme correspondants de radio ou comme commentateurs de télévision, ils sont sortis de l'anonymat des salles de presse pour prendre pied en quelque sorte dans le show business... Léon Bendersky (Ben) , Maurice Bernardet, André Théron, Pierrette Brès, José Covès, Jean-François Pré, entre autres, dans l'ombre immense de Léon Zitrone, sont des noms qui interpellent le grand public, même néophyte - car le public initié est désormais en ligne directe avec les très professionnels animateurs d'Equidia, souvent éclos dans le « milieu » : anciens jockeys, fils de...

A l'école du prono

Le journalisme professionnel, un ghetto ? Là comme ailleurs, les exceptions confirment la règle.
Sait-on ainsi que l'éminent homme d'état Léon Blum, qui présida aux destinées de la France et dont le nom évoque principalement la période clé que fut le Front Populaire dans notre Histoire, fut momentanément rédacteur hippique ? Cela remonte à l'époque où il signait une multitude de papiers, comme critique littéraire et comme chroniqueur de théâtre.
Plus près de nous, les salles de rédaction de Paris-Turf se souviennent d'un jeune collaborateur, nommé Pierre Desproges, qui plancha durant une année sur le papier de Longchamp, Auteuil et Vincennes, en 1969. Ce passage était la transition vers l'autre titre majeur du groupe Boussac, L'Aurore, dont il fut un collaborateur de plus en plus remarqué, durant une demi-douzaine d'années, avant de devenir le décapant artiste que l'on sait, immortalisé par ses célèbres soliloques, devant le micro et face aux caméras (le Tribunal des Flagrants Délires, la Chronique de la Haine Ordinaire...).

Léon Blum, un temps rédacteur hippique

BON SANG NE SAURAIT MENTIR

Par Marie Chasteau de Balyon et Alexandre Jeziorski, journalistes

Certaines familles ont de remarquables destinées. Dans le monde des courses hippiques, elles sont nombreuses à avoir voué leur vie à leur passion pendant plusieurs générations. Voici l'histoire et le destin de cinq familles parmi tant d'autres, intimement liées au monde hippique, dévouées à son développement. Des parcours uniques où le devoir est une vocation, la passion un héritage.

Les Carrus : des ingénieurs au service des courses

300 ans, sur trois siècles. Voici en temps cumulé le nombre d'années fournis au service de leur entreprise, par la dynastie Carrus.
Tout commence en 1888 avec Albert Chauvin. Fils de préfet, cet entrepreneur ingénieux qui a déjà fait fortune notamment en exportant la mode française à la cour des Tsars, s'intéresse aux courses de chevaux. Constatant l'engouement grandissant que suscitent les paris sur les hippodromes, il met au point un système pour leur gestion et crée la Direction du Pari Mutuel Système Chauvin. Celui-ci sera reconnu comme le plus rapide, le plus fiable et le plus sécurisé. Très vite, il conquiert les deux tiers des 500 hippodromes français d'alors.

André Carrus et son fils Pierre à Vincennes

Jacques et Pierre Carrus

Sa fille Madeleine épouse en 1918 André Carrus. Celui-ci, Polytechnicien ingénieur des Ponts-et-Chaussées est le successeur idéal de son beau-père. Après quelques années comme ingénieur en chef de la Ville de Paris, il prend les rênes de l'entreprise en 1927 à la mort d'Albert Chauvin le créateur. Son destin va être déterminant. Ses exigences : satisfaire les parieurs et apporter prospérité aux courses hippiques françaises. Pari ambitieux !
Dès 1931, il participe à la création du Pari Mutuel Urbain et la collecte des paris peut désormais se faire en dehors des champs de courses.
En 1942, contraint par les lois anti-juives de quitter son poste, il entre dans un réseau de résistant en Isère et sera rappelé, à la libération, au service de l'État sous la houlette du ministre Raoul Dautry afin de participer à la reconstruction du pays.
En 1947, il fait son retour au sein de l'entreprise familiale et du PMU. L'homme va avoir deux idées de génie en moins de cinq ans : le pari Couplé mais surtout en 1954, le Tiercé.
Les courses hippiques deviennent pour des millions de foyers français le nouveau rendez-vous dominical.
Le premier Tiercé eut lieu à Enghien le 22 janvier 1954 et progressa jusqu'à un véritable boom en 1957. André Carrus joue un nouveau coup de maître, cette fois de communication : il annonce le gain virtuel car non touché du Prix du Président de la République (30 millions de francs de l'époque). Les parieurs sont conquis, le succès est au rendez-vous.
Les années 60 voient le chiffre d'affaires du PMU doubler chaque année. Si en semaine, trois cent mille joueurs fréquentent assidûment les 3 000 café-PMU, ils sont plus de 5 millions les dimanches. Ce raz de marée nécessite une technique adaptée : André Carrus met alors au point le fameux procédé des bordereaux encochés. Le rêve mutuel peut continuer.

Jacques Carrus, au centre, et ses fils, Jérôme et Pierre-Antoine

Père de famille prévoyant, il a fait entrer dans l'entreprise ses deux fils au début des années 50. Pierre, diplomé du M.I.T (Massachussets Institute of Technology) et Jacques, de la Faculté des Sciences de Paris, sont formés par leur père à l'école de la rigueur.

Les temps changent, et surtout la technologie, mais l'objectif reste le même : améliorer le service offert aux parieurs.
Pierre et Jacques sont les nouveaux artisans du progrès. Pierre remplacera son père à la direction du PMU et Jacques au sein de CPM, qui opérera une révolution majeure : le passage de l'ère manuelle à l'automatisation. Les deux fils pérennisent l'esprit d'innovation et de perfectionnement qui est la marque de la famille. De 1960 à 1980, de nombreux ingénieurs vont être embauchés. Création d'une cellule « Recherche et développement », mise au point et installation du premier ordinateur pour le traitement des transactions à Vincennes en 1963, lancement du premier système au monde utilisant les codes à barre pour les paiements à Longchamp et Evry en 1973... Les Carrus font preuve d'une imagination débordante.
Pierre met le pied à l'étrier de l'automatisation des paris aux 2 000 collaborateurs permanents du PMU.
L'entreprise, déjà numéro un dans son domaine, dépasse les frontières et devient leader européen. En France, les deux tiers des sociétés de course, soit 180 hippodromes en France, utilisent le système.

L'heure est venue de lancer une quatrième génération. Jeune diplômé de l'école des Mines, Jérôme occupe un poste au CFCE (Centre Français du Commerce Extérieur). Il est convoqué dans le bureau de son grand-père. D'un ton très cérémonial, André Carrus propose à son petit-fils de travailler à ses côtés. « Un moment marquant », se souvient Jérôme Carrus. La réponse est immédiate, ce sera oui.

Pierre-Antoine Carrus

Comment dire autre chose à ce patriarche charismatique qui a tout réussi ? Sous l'égide de son grand-père, le jeune homme travaille sans relâche sur les hippodromes comme guichetier. L'apprentissage est rude, intensif comme celui qu'avaient suivi avant lui son père et son oncle. Les méthodes n'ont pas changé. Les kilomètres sont nombreux. Gournay en Bray, Nancy, Marseille, Bordeaux, etc. Jérôme Carrus est envoyé sur tous les hippodromes.
Pierre-Antoine, pendant ce temps, fait ses classes comme son grand-père à la dure école du BTP et rejoint l'équipe familiale en 1997. Le tableau au grand complet, une nouvelle ère commence. Sans oublier les valeurs établies par André Carrus, PMC, dont les deux fils ont pris la direction depuis une vingtaine d'années, va alors se tourner résolument vers l'avenir. Il est nécessaire de se moderniser toujours et sans cesse, la progression continue sous la direction des frères Carrus. Les années 80 sont propices à cette expérience, qui va être un succès. Dix années plus tard, l'objectif change. La nouvelle génération n'a qu'un but : l'exportation du système vers de nouveaux pays. Fidèles à leur époque, les responsables de l'affaire familiale veulent donc promouvoir leurs produits en repoussant les frontières. C'est un défi de taille. Là encore, la réussite est au rendez-vous.

Pierre Carrus et son neveu Jérôme

D'Albert Chauvin à Jérôme et Pierre-Antoine Carrus, en passant par André puis Pierre et Jacques, chaque génération aura connu des succès et donné ses lettres de noblesse à une entreprise plus que centenaire. André en est le grand inventeur, Pierre et Jacques les artisans du développement et de la modernisation et Jérôme et Pierre-Antoine assurent la mondialisation. Des années de passion et de travail au service d'une cause, les paris sur les courses hippiques. Des vies qui ont tendu vers le même objectif, satisfaire l'ensemble des parieurs. Un destin mutuel.

À suivre...

Les Romanet : Grands Commis de l'État hippique depuis cent ans

La lignée Romanet et le monde des courses filent le parfait amour depuis les années 1900.

Plus d'un siècle au cours duquel Maurice, René, Jean et Louis ont dédié leur vie, leur énergie et leur inaltérable sens du devoir à l'essor des courses françaises et à leur rayonnement dans le monde. La romance « romanetienne » débute en 1907 avec Maurice, premier véritable artisan de la Société d'Encouragement du 20ème siècle.

Jean Romanet, son fils Louis, sa femme Isabel et Jean-Luc Lagardère lors de la remise de la légion d'honneur à Louis Romanet

Louis Romanet

Il est secrétaire général adjoint, chargé de la mise en œuvre d'importantes décisions telles que la reprise des courses sur l'hippodrome de Longchamp, la création du Prix de l'Arc de Triomphe en 1920, la création de la Fédération Nationale des Sociétés de Courses de France.
L'œuvre des Romanet est lancée et trouve en René, le frère de Maurice, un nouvel artiste. Après avoir assisté son frère, il lui succède après sa disparition en 1924, au poste de secrétaire général.
Ce véritable bourreau de travail sera durant deux décennies « le cerveau et l'âme de la Société d'Encouragement », pour reprendre les mots de Guy Thibault.
René Romanet participe au lancement du PMU et donne une impulsion extraordinaire à la Société d'Encouragement et crée « Les Nuits de Longchamp ».
Il disparaît en 1945, mais l'empreinte familiale s'est bel et bien ancrée, le sillon est creusé, le chemin parcouru sera suivi et les Romanet continuent à se passer le témoin.
Cependant, comme dans toute grande histoire d'amour, arrivent des années moins fastes. Durant 16 ans, le monde hippique sera orphelin des Romanet et il faudra attendre 1961 pour que la course reprenne.
Nouvel élan, nouveau souffle, Jean est dans les stalles de départ.
Marcel Boussac est nommé président de la Société d'encouragement,

il sait que pour cette lourde tache il lui faudra l'expérience, la volonté et le travail féroce d'un Romanet.
Voilà comment le début des années soixante, âge d'or des courses française, sera mené par le fils de René : Jean Romanet.
M. Hubert de Chaudenay, président de la Société d'Encouragement dira de lui en 1985 lorsqu'il prend sa retraite :
« Audacieux dans la conception, courageux et efficace dans l'exécution, ferme dans ses principes, ardent dans la défense de l'institution [...] on l'a comblé de distinctions. C'est ainsi qu'en 1972, il a été nommé par Sa Majesté la Reine d' Angleterre Commandeur de l'Ordre de l' Empire Britannique ».

René Romanet

Le tiercé bouleverse le paysage des courses françaises. L'attelage Fédération nationale des courses - PMU est piloté de mains de maîtres par l'écurie Jean Romanet - André Carrus. La période est véritablement au développement, un grand programme est entrepris : la modernisation de Longchamp et la conquête de l'international.
En 1968, Jean songe à ses enfants. L'aîné, René, est passionné de chevaux et désire être éléveur et gentleman rider.
Les Romanet ne sont pas hommes à échouer, René gagne des courses et élève deux « groupes 1 » ! Louis, le benjamin, fait à cette époque ses études de droit. Son père lui propose de le rejoindre au sein de la Société et c'est ainsi qu'il y fait son entrée. Dans la famille, pas de passe-droit, on doit mériter sa place, c'est le travail et la rigueur qui sont placés en première ligne. Louis n'ouvrira pas la grande porte tout de suite mais commencera comme stagiaire auprès de son père. Il s'est employé à tous les postes, allant là ou il pouvait se rendre utile, ne rechignant jamais à la tâche mais avide d'apprendre les rouages de cet univers. Ce nouvel héritier ne trahit pas son sang et ne cesse sa progression. Il reste dix ans attaché de direction durant lesquels il est le principal rédacteur du programme des courses de la Société d'Encouragement. En 1979, Louis est nommé

secrétaire général adjoint, puis secrétaire général, directeur adjoint et directeur général en 1986.

Au cours des six dernières années de la Société d'Encouragement, il jouera un rôle de plus en plus important sur le plan international. Il est d'ailleurs considéré comme l'un des meilleurs spécialistes internationaux, compétence reconnue au plus haut niveau comme en témoigne son élection en 1992 à la Présidence de l'International Cataloguing Standards Committee régissant l'ensemble des courses de groupe et des listed races dans le monde... Romanet ou the « French Touch » !

Jean Romanet

Louis déclare avec humour : « Mon père, gagnant de Derby, est très fier d'avoir produit un gagnant de Derby, car pour lui c'est le symbole même de la sélection ! ». Il s'agissait du Derby Award, distinction que son père avait reçu huit ans plus tôt.
Le nom de Romanet résonne comme un « Sésame » pour ouvrir toutes les portes de la planète courses.
Aujourd'hui, Louis Romanet pérennise l'œuvre familiale en tant que directeur général de France Galop et président de la Fédération Internationale des Autorités Hippiques. C'est peut-être Jean-Luc Lagardère qui définira le mieux toute la famille à travers Louis lors de sa remise de la légion d'honneur : « Vous êtes un vrai Romanet, vous êtes un vrai homme passionné, un homme entier. »

À suivre...

Les Viel : des drivers de légende

Le trot français recèle de grandes familles depuis de nombreuses décennies. Les Baudron, Dreux, Hallais, Lévêque font partie du paysage des courses. Passionnés et néophytes connaissent ces patronymes rendus célèbres par les cracks du trotting français. Mais une famille est encore plus connue, sans doute grâce à une longévité exceptionnelle, la famille Viel. Son destin est lié aux chevaux depuis près de 150 ans. Une histoire à part.

Dans le sport, on dit toujours que le plus difficile est de durer. Rester en haut de l'affiche pendant des années afin de laisser une trace. Seuls les meilleurs, les champions, ont pu avoir cette prétention. Dans le petit monde des courses hippiques, ils ne sont que peu à pouvoir espérer une telle gageure. Seules quelques familles auront leur nom à jamais gravé dans l'histoire de ce sport. Au trot, la famille Viel fera assurément partie de ceux-là. Qui peut en effet se prévaloir de posséder quasi un siècle et demi lié aux chevaux de courses ? Les Viel ont un passé extraordinaire. Une histoire qui débuta

Madame Viel et ses deux fils, Paul et Jean-Pierre à Vincennes

Paul, Albert et Jean-Pierre Viel

dans les années 1850 en plein cœur de la Normandie, à Mondeville pour être plus précis, bourgade non loin de Caen. À cette époque, Albert Viel est un propriétaire terrien, un agriculteur heureux. L'homme possède déjà quelques chevaux, qui n'ont pas, à l'origine vocation à devenir des compétiteurs. Mais la société évolue, le monde et la France sont en perpétuelle mutation. Les premiers loisirs apparaissent, les français prennent le temps de vivre.
Albert Viel va être un pionnier dans ce domaine. Aidé par quelques-uns de ses amis, il créé des activités de loisirs locales, voire même régionales. Les courses naissent progressivement. Chaque dimanche, elles attirent un public nombreux. Elles deviennent une véritable fête, que personne ne veut rater. Tout naturellement, la Normandie devient le berceau de ces événements hebdomadaires. Mais la vraie rencontre d'Albert Viel avec les courses se situe en 1883. Une date clé. Albert Viel prend ses couleurs, il est officiellement propriétaire de chevaux de course et créé le Haras de Mondeville, qui vit naître de très bons sujets comme Nisida, née en 1868 ou Cascade, les instigatrices du merveilleux élevage de la famille. Officier de la Légion d'Honneur, puis Commandeur du Mérite Agricole, Albert Viel fonda en 1909, à Argences, la Société du Cheval Anglo-Normand (que Jean-Pierre préside aujourd'hui) avant de décéder en 1938. Il laissa à ses deux enfants, Jeanne-Louise et Paul, la destinée du haras. Paul devient donc le premier entraîneur de la famille. À la tête d'une trentaine de chevaux, il va développer le professionnalisme. Mais il sera aussi un grand artisan dans la progression de l'élevage familial. Une sorte de père fondateur. L'homme est volontaire, ne rechigne pas

au travail et n'hésite pas à parcourir tout le bocage normand pour participer à des courses. Distingué et raffiné, joueur de piano, Paul se marie avec une demoiselle Gamare. Une famille qui connaît bien les chevaux puisqu'elle possède également sa casaque. Une casaque élégante noire toque rose. Voilà la naissance de cette casaque si célèbre aujourd'hui. Paul est un compétiteur né. Gagner ou perdre fait partie de son quotidien. L'homme reste simple, attaché à la terre qu'il cultive toujours malgré son activité très prenante. Il drivera d'ailleurs en course jusqu'à ses 82 ans. Un véritable passionné, qui remporta même le Prix d'Amérique au sulky de Passeport en 1923, pour le compte de Monsieur Bulot. Il fit naître également de grands champions comme Cyrano II ou Duc de Normandie.
Tout son travail perdure alors grâce à son fils, Albert. Mais la guerre vient bouleverser l'évolution de la famille. Lors de la déroute allemande en 1945, les militaires s'emparent des chevaux pour fuir la Normandie. De nombreuses poulinières disparaissent. Pour la plupart, elles seront retrouvées. Après cet épisode, Albert épouse une demoiselle Delecroix. Son beau-père est un industriel fortuné du nord de la France, qui décide d'acheter quelques chevaux pour assouvir une envie soudaine. Mais sa passion est fugace, il revend cinq ans plus tard toute son écurie à son gendre. Une belle aubaine pour Albert puisque se trouvent parmi ces chevaux des juments de base de l'élevage Viel. Rosa Bonheur, Amulette et Drouaise, un trio qui deviendra magique. Père de trois enfants, Albert forme ses deux fils, Jean-Pierre et Paul. Très vite, ils deviennent passionnés. Les courses sont leur quoditien. L'apprentissage est rapide. Jean-Pierre remporte sa première course en 1963, il n'a que quinze ans.

Marie-Pierre Viel

Les Viel et le Prix d'Amérique

Commence alors une période bénie pour la famille. Pas une année ne se passe sans que la casaque n'ait de brillants résultats dans les courses françaises les plus prestigieuses. Vincennes est le jardin de la famille. Le noir et le rose sont les couleurs en vogue au sommet du trot. Le travail et l'abnégation des trois hommes a fini par porter ses fruits. Albert est aux commandes de l'écurie. Ses fils s'occupent de la technique. La mécanique est bien huilée, les résultats sont au rendez-vous. Mon Tourbillon, Permissionnaire, Opprimé, Marpheulin, Marco Bonheur, La Bourrasque, Cathar na, Vrai Lutin, Ultra Ducal. La liste des champions est longue. Les victoires s'enchaînent. Prix de France, Prix des Elites, Prix de Sélection, Critérium des 4 ans, Critérium des 5 ans, Grand National du Trot. Rien ne leur échappe, sauf le Prix d'Amérique. Le sacre suprême, la récompense de toute une carrière, le bonheur d'une vie fuit la casaque. Les Viel y sont souvent au départ et y obtiennent de bons résultats (plusieurs fois deuxième), mais ne réussisent pas à décrocher la palme. Les échecs vous rendent plus sages, dit-on. Albert et ses fils n'en font pas une fixation. Ils savent que cette victoire finira bien par s'inscrire à leur riche palmarès. En attendant, il faut travailler toujours et encore. Le Prix d'Amérique 1997 approche. La famille est alors frappée en son cœur. Albert Viel est malade, ses jours sont même comptés. Le désarroi s'abat sur ses fils. Pourtant, Abo Volo, un cheval d'exception entraîné par Paul, est présent de cette édition. Il en est même le favori. Joseph Verbeeck conduit le champion de la famille au succès. L'émotion est intense. La malédiction qui s'était abattue sur la casaque dans cette épreuve a enfin été vaincue. Albert s'éteindra quelques jours plus tard.Depuis, dans la droite ligne de ses ascendants, Vincent, le fils de Jean-Pierre, est lui aussi devenu entraîneur. Ses filles, Marie-Pierre et Nathalie drivent également dans la catégorie des amateurs, animées par une passion indestructible. « Une suite logique » vous dira leur père, fier de sa progéniture. Les Viel et les courses, une histoire qui n'a certainement pas de point final. Les grandes tribus ne disparaissent jamais. Héritiers de cette tradition familiale, ils ont en eux le feu sacré du sport hippique et de l'élevage. Les chevaux sont leur raison d'être, leur profession de foi.

À suivre...

Albert et Jean-Pierre Viel, au côté de Mon Tourbillon

Lignée de Watrigant :
Un Watrigant peut en cacher un autre

Pour parler de la « tribu » Watrigant, voici les mots d'une amoureuse inconditionnelle de la lignée, Nathalie Carter. Son portrait touchant vaut son pesant d'or, parole d'une femme qui a pénétré les coulisses de l'écurie :

« Le Watrigant est généralement de taille assez élevée (quoiqu'il en existe de petits). Il se tient très droit, les jambes écartées, le buste rejeté en arrière et les mains qui défoncent les poches du pantalon. Il a un rire sonore fréquent et communicatif, la plaisanterie à fleur de lèvres, des chevaux pleins le cœur, et le cœur sur la main.
Il croit et se multiplie avec énergie et détermination dans le Sud-Ouest (les Landes), mais voyage bien, et s'acclimate à merveille dans la région parisienne, où il s'éparpille au hasard des hippodromes et centres d'entraînement, en fabriquant inlassablement d'autres Watrigant et en gardant une séduisante pointe d'accent qui pimente ses propos. Les chevaux : depuis plusieurs générations, il les aime, les fait naître, les élève, les entraîne, les monte, les invite au départ, les juge à l'arrivée, les regarde courir ; les joue, les peint... en rêve la nuit. »

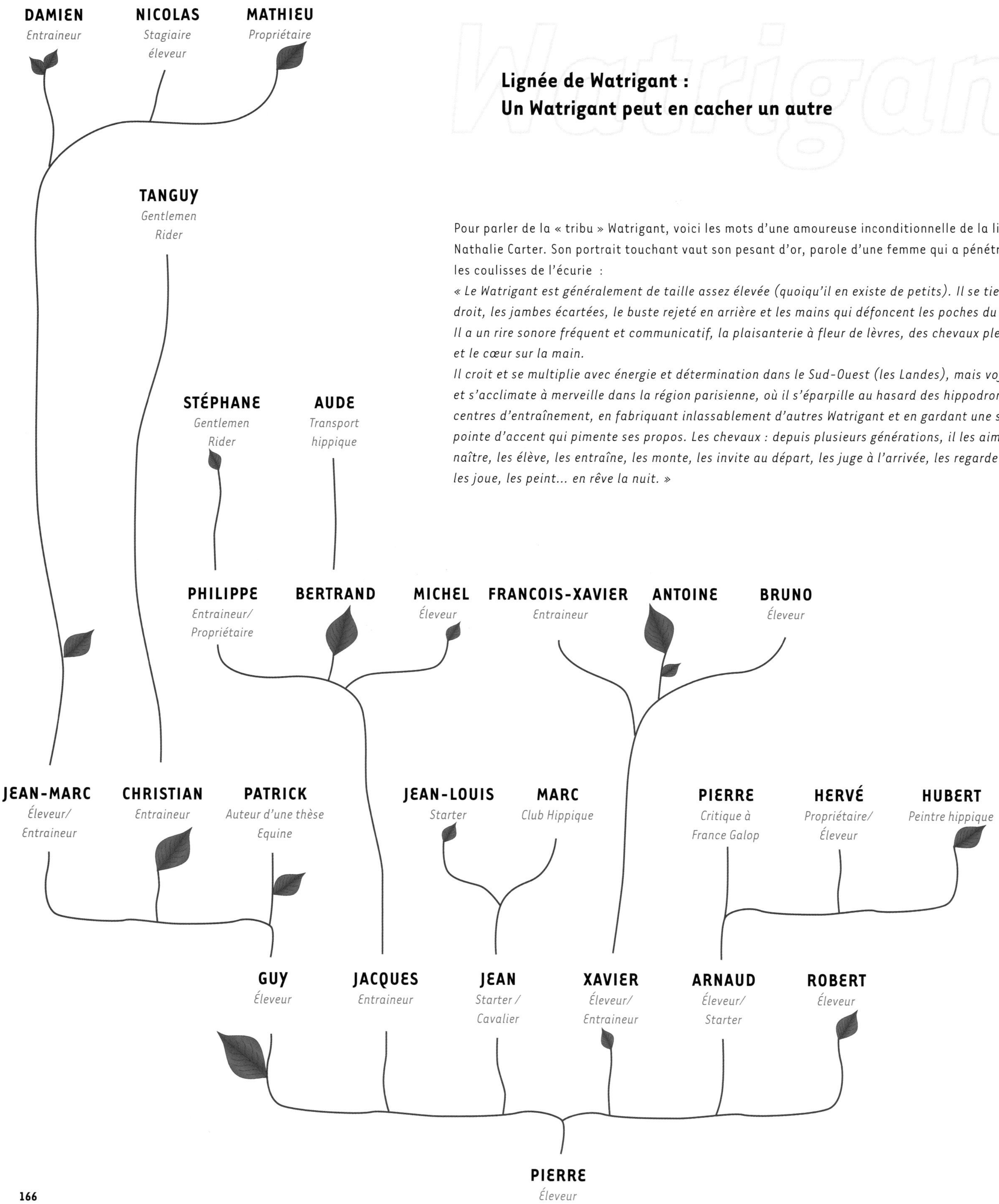

Pierre

Arnaud et son neveu

Jean-Marc

Bertrand

Hervé

Christian et Yves Saint-Martin

Patrick

Head

Les Head :
La course en tête...

Head. Un nom qui résonne, un nom qui restera à jamais dans le patrimoine des courses françaises. Une vraie dynastie où la victoire se transmet en héritage de génération en génération. Cette famille est entrée dans le monde hippique dès le 19ème siècle par l'intermédiaire de William Johnson (pseudonyme de Head), jockey de son état, qui remporte en 1889 la Grande Course de Haies d'Auteuil en selle sur Vanille. Voici le point de départ de cette saga interminable, une des plus connues aujourd'hui. Plus d'un siècle passé aux côtés des chevaux.

Après William, vint William Henry George Head, un crack jockey d'obstacle doté d'un talent exceptionnel. Il est sacré meilleur jockey à quatre reprises et s'impose dans les épreuves les plus prestigieuses sur la Butte Mortemart. Une fois cette carrière terminée, il se tourne alors vers l'entraînement. Il y connaît une réussite tout aussi fantastique puisqu'il parvient à inscrire deux fois son nom au palmarès du Prix de l'Arc de Triomphe. Une première fois avec Le Paillon en 1948, une seconde en 1966 avec Bon mot.

Freddy Head en course à Longchamp

Entre temps, William Henry a eu un fils appelé Alec. Pour lui aussi la « fée cheval » s'est penchée sur son berceau, les courses occupent toutes ses pensées. Comme son père et son grand-père, il devient jockey. Comme ce dernier, il remporte la Grande Course de Haies d'Auteuil avec Vatelys en 1946. Il gagne « l'Arc » quatre fois (1952,1959, 1976, 1991). Alec épouse une demoiselle Van Poële, autre grand nom dans le monde des courses, puisqu'elle n'est autre que la fille de Louis Van Poële, cavalier de talent en Belgique et la sœur d'Henri, cravache d'or des gentlemen-riders en 1950 et par la suite grand entraîneur. De cette union vont naître Frédéric William Louis Head dit « Freddy », Martine et Christiane dite « Criquette ». Frédéric est peut être le plus connu de la famille. Il faut dire que son palmarès est éloquent. Vainqueur de l'Arc de Triomphe à quatre reprises dont le premier en 1966, où il devient le plus jeune jockey à remporter cette prestigieuse course. Freddy n'a alors que 19 ans. Onze victoires de

Groupe I sur l'hippodrome de Deauville, un record qui tient toujours aujourd'hui, viennent éclairer une carrière très riche. Les femmes de la tribu ne sont pas en reste. Criquette, dans la lignée de ses aïeuls, devient entraîneur. Dame de caractère, elle se hisse au niveau des meilleurs de sa profession. Elle est même la seule femme à ce jour à avoir entraîné un vainqueur d'Arc de Triomphe, Three Troïkas en 1979. Un cheval propriété de son père et monté par son frère. Tout un symbole !
Quant à Martine, elle n'est pas en reste. Elle dirige depuis plusieurs années le Haras du Quesnay, près de Deauville. Une gestion qui a amené cet établissement à faire partie des plus renommés et respectés en France mais aussi au-delà des frontières.
Animés par une passion sans borne, les enfants d'Alec continuent à perpétuer la tradition familiale et à mettre en exergue l'illustre patronyme. Une saga qui n'est pas prête de s'éteindre. Head, un nom pour l'éternité.

À suivre...

Freddy, Criquette, Patricia, Alec et Willy Head

LE PARI MUTUEL DANS L'ART ET LA CULTURE

Par Mayeul Caire, journaliste-écrivain

A la mémoire de Jean Hurel

L'association entre « culture » et « pari hippique » évoque immédiatement deux œuvres : *Nana* (1880) et *Le Gentleman d'Epsom* (1962).

Nana est une jolie jeune fille. Née dans un milieu modeste, elle va devenir actrice, puis monnayer ses charmes. Elle meurt finalement de la variole, « en bête putréfiée ». Entre-temps, elle est à Longchamp, le jour du Grand Prix de Paris.

Un des concurrents a été baptisé Nana en son honneur.

Nana - la fille - parie sur les chances de Nana - la carne.

Zola décrit alors à merveille ce que tout parieur a un jour ressenti, ce sentiment de faire corps avec le cheval choisi au guichet. Et pour ceux de ses lecteurs qui n'auraient jamais parié, il force même le trait, en inventant cette homonymie qui indique (la ficelle est grosse, comme souvent chez Zola) que les deux Nana ne font plus qu'une, le temps de la course :

« Sur le siège, Nana, sans le savoir, avait pris un balancement des cuisses et des reins, comme si elle-même eût couru.

Elle donnait des coups de ventre, il lui semblait que ça aidait la pouliche. À chaque coup, elle lâchait un soupir de fatigue, elle disait d'une voix pénible et basse :

- Va donc... va donc... va donc...

[Nana remporte la course.]

Nana ! Nana ! Nana ! Le cri roulait, grandissait, avec une violence de tempête, emplissant peu à peu l'horizon, des profondeurs du Bois au mont Valérien, des prairies de Longchamp à la plaine de Boulogne. Sur la pelouse, un enthousiasme fou s'était déclaré. Vive Nana ! vive la France ! à bas l'Angleterre ! Les femmes brandissaient leurs ombrelles ; des hommes sautaient, tournaient en vociférant ; d'autres, avec des rires nerveux, lançaient des chapeaux. Et, de l'autre côté de la piste, l'enceinte du pesage répondait, une agitation remuait les tribunes, sans qu'on vît distinctement autre chose qu'un tremblement de l'air, comme la flamme invisible d'un brasier, au-dessus de ce tas vivant de petites figures détraquées, les bras tordus, avec les points noirs des yeux et de la bouche ouverte.

Édition illustrée de *Nana*, Émile Zola, par André Jill, Éditions Flammarion, 1882

Cela ne cessait plus, s'enflait, recommençait au fond des allées lointaines, parmi le peuple campant sous les arbres, pour s'épandre et

« Le Paddock à Deauville »,
Raoul Dufy

s'élargir dans l'émotion de la tribune impériale, où l'impératrice avait applaudi. Nana ! Nana ! Nana !
Le cri montait dans la gloire du soleil, dont la pluie d'or battait le vertige de la foule.
Alors, Nana, debout sur le siège de son landau, grandie, crut que c'était elle qu'on acclamait. »

Dans *Le Gentleman d'Epsom*, l'ancien chef d'escadron Richard Briand-Charmery (Jean Gabin) profite de son aura militaire pour vendre de faux tuyaux à des gogos. En fait, il donne à chacun un cheval différent. Un jour, par hasard, il retrouve son amour de jeunesse, qu'il avait quitté à Epsom. Il lui offre un dîner somptueux, mais son chèque est de bois. Pour pouvoir malgré tout honorer son paiement, il tente d'escroquer un restaurateur passionné de courses de chevaux, Gaspard Ripeux (Louis de Funès), auquel les émotions fortes interdisent l'accès aux champs de courses. Mais tout ne se déroule pas comme prévu... L'histoire n'est pas nouvelle (lire plus loin l'extrait d'Henri Calet, publié vingt-sept ans avant la sortie du film). Mais tout tient dans la truculence de Gabin et le génie de Michel Audiard, dont les dialogues - perles de culture - réaniment à chaque séance la flamme du turfiste inconnu.

Morceaux de bravoure :
« Avec les 2 % de la Caisse d'Epargne, on est sûr. On est surtout sûr que ça fera pas trois. »
« Jamais un cheval à moins de 10 contre 1 ! C'est une règle chez moi ! Mais si les cotes minables vous intéressent, personne ne vous empêche d'acheter une boule de verre, du marc de café, une pendule, ou pourquoi pas, un billet de loterie ! Je suis expert moi, je suis pas fakir ! »
« Nous n'avons pas étudié le cheval dans les mêmes écoles, monsieur ! Vous étiez à Vaugirard quand j'étais à Saumur. J'apprenais le pas espagnol quand vous débitiez du saucisson sur votre étal, et vous

Jean Gabin, dans
Le Gentleman d'Epsom,
réalisation Gilles Grangier 1962

en étiez probablement au steak haché quand j'enseignais le trot raccourci ! »
« Quand on n'a pas une santé de cheval, on ne fréquente pas les hippodromes. »
« Je vais te montrer comment transformer un cheval en vison. »

Mais les plumes n'ont pas toujours, comme celle d'Audiard, caressé le turfiste dans le sens du crin. Longtemps, tout ce qui tenait tribune s'est évertué à jeter l'opprobre sur les habitués des guichets. La morale est un perroquet, et tous les historiens se recopient entre eux.
Dans le dénigrement, Ammien Marcellin, un écrivain romain du IVème siècle après Jésus-Christ, choisit l'option physiologique : « Certains passent la nuit dans les tavernes à vin... Ils s'affrontent aux dés avec hargne et leurs narines bruyantes produisent un son dégoûtant quand ils reniflent ; ou encore - et c'est leur plus grande passion - de l'aube jusqu'au soir, qu'il y ait du soleil ou qu'il pleuve, ils passent leur temps à examiner en détail les qualités ou les défauts des auriges [drivers] et des chevaux. »
Quelle délicatesse... Trois siècles plus tôt (au Ier après J. C.), Pline le Jeune avait sonné la charge sur un ton comparable, honnissant ces Romains amateurs de paris hippiques, accusés de changer d'idole en changeant de ticket : « Si jamais, en pleine course et au beau milieu de la lutte, on intervertit les couleurs, leur engouement et leur ferveur changeront de camp ; tout à coup, ils laisseront tomber ces fameux auriges, ces illustres chevaux qu'à tout moment, ils reconnaissent à distance, dont ils hurlent les noms ». Avant de s'étonner que « certains hommes sérieux » goûtent de risquer une petite pièce de bronze... Diable. Et s'il y avait parmi eux quelques artistes ?

Puisque le jeu aux courses n'est pas éthique, serait-il également inesthétique ? On le suppose, en constatant que les arts dits plastiques - voire graphiques - se sont presque totalement désintéressés de la question. Des auriges de mosaïque ornaient les murs des maisons de Pompéi ; les murs des musées sont encombrés de quadrupèdes ; les bronzes de chevaux pullulent dans les ventes à Drouot. Même un manga (bande dessinée japonaise) rendait récemment hommage au cheval Deep Impact... Mais de parieur, de vrai parieur, point. Certes, un propriétaire en haut-de-forme ponctue parfois l'arrière-plan d'un tableau au XIXème siècle, mais qui peut affirmer qu'il a « mis sa pièce » ? Pas même le peintre, qui ne lui a sans doute pas demandé de compte.

« Royal Ascot 2004 »,
Hubert de Watrigant

Tout au plus devine-t-on que, dans cette foule bigarrée peinte par Raoul Dufy le jour du Derby d'Epsom 1939, se trouvent quelques clients des bookmakers. De même, il y de belles choses à voir chez le peintre Hubert de Watrigant, mais le turfiste n'en est pas le personnage central. Ni Géricault ni Stubbs, les deux plus grands peintres de courses avec le Russe Svertchkov, ne s'intéressent aux pelousards.

En photo, pas de parieurs non plus. De pauvres et simples gens, certes, chez Atget ou Doisneau ; mais la légende du cliché ne précisera jamais s'ils sont devenus nécessiteux parce qu'ils ont tout perdu aux courses. On trouve aussi des propriétaires chez les frères Séeberger, « peintres » mondains en argentique. À l'heure de la photographie numérique, les choses ne devraient pas aller en s'arrangeant, car les reporters sont désormais obligés de demander une décharge signée aux inconnus qu'ils immortalisent, sous peine de poursuites pour atteinte à la vie privée.

Il y a tout de même - mais s'agit-il encore d'art - les caricatures du XIXème siècle, ces scènes de la vie quotidienne dont raffolent les journaux de l'époque. Comme souvent dans l'art (du Gentleman d'Epsom à Henri Calet), le parieur est toujours perdant. On le voit par exemple encaqué dans un fiacre quittant l'hippodrome pour rejoindre la ville, refaisant les courses en relisant une énième fois le journal du jour : « Finalement, c'était facile. Il suffisait de bien lire. Tous les gagnants étaient écrits » dit la légende de la gravure.
Pauvre parieur : deux fois perdant - au guichet et dans l'art.
La vengeance du parieur, c'est le cinématographe - premier des arts populaires. Pour faire sa place, le cinéma chasse en *terra incognita*. Et puisque les autres arts le méprisent, le cinoche se penche sur tout ce qui leur fait horreur. On retrouvera un phénomène comparable lorsque

le roman policier cherchera à tailler des croupières à la grande littérature. Au cinéma comme dans les polars, le turfiste est le bienvenu. Souvent, d'ailleurs, les films où il est question de pari hippique sont inspirés de romans noirs.
Alors bien sûr, dans ce panthéon des arts récents, tout n'est pas parfait. Les vieux démons ont la peau dure. La plupart du temps, les scènes aux courses mettent aux prises des truands et /ou des policiers - véreux si possible. Qu'importe. Cela donne parfois des bijoux.
Question : quel film a fait une moisson d'Oscars en 1973, dont celui du Meilleur film ? Difficile de le croire, mais ce film a pour sujet central, unique, un pari hippique. Un indice : Paul Newman et Robert Redford tiennent les deux rôles principaux. Un autre indice ? La musique - culte - du film est signée Scott Joplin.
Réponse : *L'Arnaque*. Inutile de résumer le film puisque chacun le connaît (deux malfrats en arnaquent un troisième en lui faisant engager un pari sur une course imaginaire). Le coup de génie du réalisateur George Roy Hill, c'est de faire un film sur le jeu sans qu'aucun pari ne soit engagé, sans même qu'une course ait lieu ni que l'on voie un cheval et son jockey, puisque tout n'est qu'illusion. Amusant paradoxe : la plus grande œuvre, tous arts mêlés, jamais consacrée au pari hippique joue à cache-cache avec son sujet...
Deuxième question : quel film français a battu des records d'entrées en 1984 ? Un film dont le personnage principal joué par Philippe Noiret n'a qu'une idée en tête, gagner aux courses pour pouvoir se payer une écurie de trotteurs. Il s'agit bien sûr des *Ripoux*, qui feront des petits, jusqu'à ce que l'inspecteur René Boirond (incarné par Noiret) puisse s'offrir un haras en Normandie.
Dans le genre bêta, il y aura aussi *Hardball* (2002) : parce qu'il a beaucoup perdu aux courses, le héros (joué par Keanu Reeves) va devoir accepter d'entraîner une équipe de gamins au base-ball... alors qu'il déteste les jeunes et ne veut plus toucher à une batte.
À voir en DVD un soir où toutes les chaînes du câble et du satellite ont décidé de retransmettre un match de curling. Toujours au rayon jeunesse, n'oublions pas *Zig Zag* (2004), l'histoire du zèbre qui voulait devenir un cheval de course. En gagnant, il remplit les poches d'un vieux turfiste rincé. Le pari gagnant comme une renaissance, voilà qui devrait convaincre les jeunes qui ont vu le film de fréquenter un jour les hippodromes. Quoique... Il ne suffit pas de se rêver turfiste lorsque l'on est enfant pour le devenir une fois entré dans l'âge adulte. Leo Kerouac, père de Jack, emmenait souvent son fils aux courses. De retour dans sa chambre, le futur pape de la Beat generation recrée un véritable

« Le Derby d'Epsom »,
Théodore Géricault

hippodrome dans sa chambre. Les chevaux sont remplacés par des billes ; les tickets du pari mutuel par des timbres-poste usagés...
Naissance d'une passion ? Malheureusement, non. Kerouac n'a rien écrit de marquant sur les courses. Son ouvrage mythique, c'est *Sur la route* ; pas *Sur la piste*.
Au cinéma, les Américains ont aussi donné *Dead Heat, Pari à haut risque* (2000), avec Kiefer Sutherland. Un flic viré pour alcoolisme renaît en achetant un cheval. Mais pour sauver son pensionnaire des griffes de la mafia, il doit réunir une grosse somme d'argent. Seule solution : miser tout ce qui lui reste sur son cheval.
On se croirait un peu dans le « Stewball » chanté par Hugues Aufray - avec une fin américaine, plus joyeuse.

De l'autre côté de l'Atlantique, il faut relire Charles Williams.
Son célèbre *Fantasia chez les ploucs* (1956) commence par une scène de lecture de la presse hippique. Le jeune Billy, dont le père Pop (bouilleur de cru clandestin) et l'oncle Sagamore (un bookmaker véreux) l'élèvent selon des principes peu académiques, est happé par des dames patronnesses. Ce garçon sait-il lire ? Il l'affirme. Pour en avoir le cœur net, elles lui glissent entre les mains *L'Île au Trésor*. L'enfant peine. C'est évident : ce garçon a menti. Réponse de l'intéressé :
« - Mais je sais lire, m'dame. Seulement ce machin-là, c'est écrit si drôle. Les mots, ils ont trop de lettres.
- Ridicule ! (...)
- Tenez, je vais vous faire voir.
J'avais encore mon sandwich à la saucisse enveloppé dans la Dernière Turfiste de la veille. Alors je la sors, je mords un bon coup dans ma saucisse :
- Tenez, je leur dis en montrant du doigt où c'était, regardez ça :
Gady Bird, H, 3 B par Héliotrope par First-Volo et Frangi-Pangi. 5 Déc. 17/1 P. Rec. Tr. M. George Straingfellow 2600 R.25 Ter. C. 5. I. 31/4 m. D. mc. M.L. Dar 8.9 Ion. Iram-Heure d'Amour-Ike Williams.
Vous voyez ? Et maintenant, pigez-moi ça : Ju.2 Aqu _ ft. 48 3/5 b.g.
Un toquard, une cloche et une brouette. Et faudrait être la reine des pommes pour mettre dix ronds dessus dans un prix à réclamer de deux mille dollars. Même monté par Arcaro, il est sûr de finir dans la luzerne. »
Voilà un garçon qui sait parler aux femmes...

Vingt ans avant (en 1934), le grand Franck Capra avait consigné tout son amour des courses dans un petit bijou : *Broadway Bill*. Tel Gabin dans

Le Gentleman, un faux propriétaire - qui se fait appeler Colonel - tente de ruiner des pigeons. Mais c'est pour la bonne cause : l'argent gagné doit permettre d'inscrire Broadway Bill au départ de la grande course.

Impossible de clore la séance de cinéma sans parler de deux chefs-d'œuvre du cinéma américain dont l'action se déroule aux courses : le « Marx Brothers » *Un Jour aux courses* (1937) et le « Kubrick » *L'Ultime razzia* (1956).
Pitch d'*Un jour aux courses* : Groucho est vétérinaire ; Harpo jockey ; Chico lad et vendeur de tuyaux crevés. Le reste ne se raconte pas ; l'action saute d'un gag à un autre.
Extrait : La scène se passe devant le guichet du Pari Mutuel, où Groucho se prépare à jouer Sun Up. Il est interrompu par Chico.
« - (Chico :) Vous voulez un bon tuyau ?
- (Groucho :) Pour la glace, une paille suffira.
- Je vends pas de glaces. C'est un truc pour rouler les flics. Je vends des tuyaux. C'est 1$ pièce.
- Désolé, je joue Sun Up.
- Sun Up, c'est zéro !
- Mais il gagne toutes ses courses !!!
- Seulement parce qu'il arrive premier.
- Ca me suffit. »
Groucho finit par se laisser convaincre. Il achète son tuyau à Chico. En dépliant le petit morceau de papier, il est étonné :
« - ZVBXRPL. J'ai déjà vu ce cheval-là chez l'oculiste.
- C'est un nom chiffré... »
Chico vend à Groucho une dizaine de codes, censés dévoiler le nom du gagnant. Et s'empresse d'aller jouer sur Sun Up les 6$ qu'il vient d'extorquer à Groucho. Le temps de lire les codes, Groucho arrive trop tard au guichet, pour entendre le guichetier lui annoncer la victoire de Sun Up.
L'Ultime razzia est plus violente et esthétisante. Avant de se ranger, Johnny Clay veut tenter un dernier coup : dérober la recette du Pari Mutuel au champ de courses. Le hold-up a lieu. Un de ses comparses abat un cheval durant la course pour créer une diversion. Après le casse, la bande se retrouve. Nouveau carnage. Seul rescapé, Johnny s'enfuit, mais à l'aéroport, un chien ouvre la valise contenant le magot et l'argent s'envole. Les dialogues de *L'Ultime razzia* sont signés Jim Thompson, maître du roman noir américain. Audiard avait montré l'exemple : pas de film réussi sur le milieu des courses sans un excellent dialoguiste... Audiard participera d'ailleurs à deux autres films où le pari hippique a une place de choix : *Des pissenlits par la racine* (comme scénariste-dialoguiste, avec Lautner aux manettes) et *Le Cri du cormoran le soir au-dessus des jonques*

Dessin de Georges de la Fouchardière, extrait du *Diable à Longchamp*

(comme réalisateur-scénariste-dialoguiste).
Retour à la littérature. Sans s'étendre sur le polar (où les parieurs sont légion - le maître en la matière est l'Anglais Dick Francis, ancien jockey d'obstacle), les courses font parfois des apparitions inattendues. Ainsi dans le *Dictionnaire des Idées reçues* de Flaubert (1880) : « Paris : La grande prostituée. Paradis des femmes, enfer des chevaux. »
« Jeu : S'indigner contre cette fatale passion. »
Il y a aussi Hemingway. Pendant l'été 1922, il écrit sa première nouvelle, *My Old Man* (en français *Mon Vieux*, publiée dans le recueil *50 000 dollars*). C'est une histoire de courses de chevaux truquées.
Le jeune Ernest est influencé, dans son thème, par son maître Sherwood Anderson, nouvelliste américain mineur, mais qui adorait les courses et en parle à plusieurs reprises dans ses ouvrages (*Les chevaux de l'adolescence* viennent d'être publiés en français aux Editions du Rocher).
On pense aussi à Jane Smiley et à son *Paradis des chevaux* (2003 pour l'édition française), qui se déroule dans le Kentucky.
À Eugène Sue, qui évoque les paris sur les chevaux dans ses portraits de la société française au XIXème siècle.
Et à Georges de la Fouchardière, auteur d'une série de textes sur le diable. Satan, il le voit aussi à Longchamp (1938). C'est lui qui transforme d'honnêtes hommes en monstres, sitôt leur ticket en poche : « Un jour de Grand Prix, sous le coup de l'émotion, une femme a accouché parmi la foule compacte, sans que personne ne prête attention à cet événement. (...) Le démon du jeu anime [aussi] d'étonnants exploits sportifs. J'ai vu un bonhomme de 60 ans couvrir en un quart d'heure, à pas gymnastique, la distance qui sépare la Porte Maillot de l'hippodrome de Longchamp, tant il avait peur d'arriver trop tard pour perdre son argent dans la première course. » (la preuve en page 187)
En France, il faut également découvrir Jean Bany. Dans son *Auteuil première* (1975), c'est flambe, flambe et rien que flambe. Après cent pages à perdre et à gagner, le héros - un acteur raté - fait le point sur sa vie et dresse une liste de bonnes résolutions :
« Mon planning :
I. J'aime Liane (...)
II. Comment faire pour arrêter de déconner ?
Rembourser mes dettes. Ne plus jouer.
Travailler. »

Mention spéciale à Henri Calet, écrivain de la première moitié du XXème siècle, relativement confidentiel mais adulé par de grandes plumes (Francis Ponge par exemple). Dans plusieurs de ses textes, il est question de paris hippiques, plus ou moins licites. Voici un extrait de *La Belle Lurette* (1935), qui vaut tous les reportages sur les courses parisiennes à la sortie de la Première guerre mondiale : « Le dîner terminé, [Antoine, son beau-père] veillait penché sur un *Paris-Sport*. Il fabriquait son avenir jour après jour. Lorsqu'il avait confectionné, sur un papier, le « papier », Médème [son surnom] soufflait dans le verre de lampe. (...) Je savais [que j'allais le retrouver] sur la pelouse d'Auteuil, aux bords de la rivière du Huit. Il exerçait le métier de marchand de tuyaux. Entre deux courses, il gesticulait devant un demi-cercle de crevards passionnés. Par terre était étendue une toile cirée couverte d'inscriptions sibyllines qui démontraient l'excellence de la méthode. Monsieur Antoine travaillait principalement dans l'origine, quoiqu'il ne négligeât point le poids, l'âge des chevaux et leurs performances passées. Il avait adopté une tenue sportive : leggings de carton, culotte de cheval, cravate de chasse de piqué blanc et casquette.

« Mes bons amis, annonçait-il, chez moi, rien que des bonnes affaires, rien que des certitudes... Je vous ai donné hier un gagnant dans la deuxième... un gagnant dans la troisième... »

Il mentait. Les miteux se laissaient prendre à l'émail clinquant de son parler. Pas une expression hippique et d'outre-Manche qui ne lui fût connue : walk-over, bull-finch, open-ditch, le finish du crack... et sa prononciation complétait l'illusion.

« Aujourd'hui, encore une bonne affaire, une certitude. J'la vends un franc, vingt sous. » On achetait les papiers pliés, en se cachant, après avoir supérieurement ricané. Médème ne parut pas étonné quand, pour la première fois, il me rencontra dans les brancards du guichet aux cent sous.

« Fatalitas ! » c'était son mot. (...)

Dans l'association que, d'un commun accord, nous formâmes, mon rôle consistait à survenir au moment opportun, c'est-à-dire vers la fin du speech, et à lui secouer chaleureusement la manche du veston, et à débiter en me coupant la voix et la respiration d'émotion :

« J'vous r'mercie, M'sieu Antoine, grâce à vous, j'l'ai touché. »

Plus tard, Simenon noircira plusieurs de ses romans policiers à la pénombre de points PMU.

De nos jours, le hasard fait que la maison Grasset (il est vrai dirigée par un sportsman accompli, Jean-Claude Fasquelle) publie ou a publié des écrivains contemporains qui aiment les courses, les paris, et qui l'écrivent. Il faut les lire.
Homeric a ouvert une brèche qui ne s'est pas refermée. Même si l'auteur du *Loup mongol* a toujours préféré les chevaux aux guichetiers, il se trouve dans un de ses recueils de nouvelles (*Chevauchées*, 2004), quelques lignes savoureuses sur le destin d'un fils et de son parieur de père : « [J'étais devenu apprenti] quand mon père, ouvrier la semaine, turfiste le dimanche, avait voulu faire de moi un jockey. Je l'ai bien aimé mon père, mais aujourd'hui je me demande encore pourquoi y a des pères qui décident pour leurs fils. Le mien m'a enfermé dans ce monde clos des chevaux. Loin d'eux, je ne suis qu'un bon à rien, ailleurs n'est pas pour moi, je n'y vois que des impasses. Il me rêvait jockey car il allait enfin, espérait-il, gagner aux courses. Or, je n'ai jamais boutonné une casaque de soie à mon cou. Un accident, stupide, étant donné que ce n'était pas une chute de cheval, m'a empêché de combler l'espoir paternel. Depuis, je traîne un pied difforme, je l'appelle ma plante grasse. Mon père a toujours misé sur le mauvais cheval, et moi je l'ai déçu en n'étant pas fichu de lui refiler de bons tuyaux. »
Philippe Jaenada a découvert les courses en piéton et n'a jamais lâché la pelouse de ses débuts. Dans *La Grande à bouche molle* (2001), son personnage de détective privé ponctue son récit de paris passés par téléphone, grâce à un compte au PMU direct.
Bientôt, Claire Legendre le rejoindra peut-être. Sur son blog, elle déclare sa flamme aux courses, en ajoutant que de bonnes âmes lui ont déconseillé de le faire (ah bon ?). On attend son premier roman sur le sujet.

Et puis il y a Christophe Donner. Rares sont les écrivains qui savent à ce point exploiter les sentes du cerveau - chatouiller la colonne vertébrale (dos) et le cortex (nerfs). Dos+nerfs = Donner (qui se prononce « donnère »). Plusieurs fois, dans ses livres, son goût pour le grand hall de Vincennes d'avant 1993 (ensuite, ils ont tout cassé, ça ne compte plus) transpire. Son portrait de Jean-Pierre Dubois, rebaptisé Forestier dans *Bang ! Bang !* (2005), dit tout sur la splendeur et la misère du trot français. Puis il a donné en 2005 le seul roman indispensable en matière de paris :*De l'influence de l'argent sur les histoires d'amour* (titre rebutant, bouquin génial).

Extrait : Le héros, double de Donner, joue aux courses régulièrement. Puis il passe à la vitesse supérieure, car il lui faut 3 000 euros pour offrir un manteau de vison à sa femme. Un soir, en rentrant victorieux de Vincennes, il emprunte un taxi. Le chauffeur est un flambeur de première, muré dans son incapacité à gagner. Monologue.
« - Oui, Monsieur, je fais exprès, je ne veux pas gagner, c'est un truc que je n'arrive pas à faire. Ecoutez-moi bien : je les connais à l'avance les chevaux qui vont gagner, je vous l'assure, je me trompe rarement, je peux même vous donner le jumelé, neuf fois sur dix je connais l'arrivée de la course, mais je ne joue pas les chevaux qui arrivent, je joue ceux qui n'arrivent pas, c'est fort, non ? C'est moi.
Je suis maudit. Masschaele, par exemple, je sais très bien quand il va gagner, je le sens, je connais sa façon de faire, tout ça, je suis comme vous diriez en symbiose avec ce gars-là : je regarde les partants le matin et je me dis Toi, mon salaud, tu as visé cette course, et toute la journée je me prépare à le jouer, je travaille dur, depuis sept heures, sans m'arrêter, je fais pas les aéroports, moi, je vais dans les quartiers où ça travaille, et j'engrange, cent, deux cents euros, et j'arrive, je me dis Là, mon petit Masschaele, ce coup-ci, je te tiens. Après, qu'est-ce qui se passe, je ne sais pas, je joue autre chose. Je sais qu'il va gagner et je ne peux pas le jouer. Bien sûr, il gagne. Ou alors je le joue et c'est là qu'il perd. Je le joue quand j'ai un doute, quand je me dis Oui, peut-être il va gagner, mais c'est pas sûr, c'est très risqué, il n'a vraiment qu'une petite chance, là j'y vais, et pas de main morte, j'y vais par vingt, trente euros. C'est comme si j'avais du plaisir à perdre. (...) J'ai inventé un jeu, ni gagnant, ni placé, le jeu perdant. Là je suis le roi. The king ! Quelle misère. »
Le héros finit lui aussi par virer obsessionnel. À la veille d'un pari : « Je n'ai pas dormi de la nuit. Les billets de cinq cents euros faisaient

Christophe Donner

Ernest Hemingway

Frédéric Dion, alias Homéric

Philippe Jaenada

Charles Bukowski

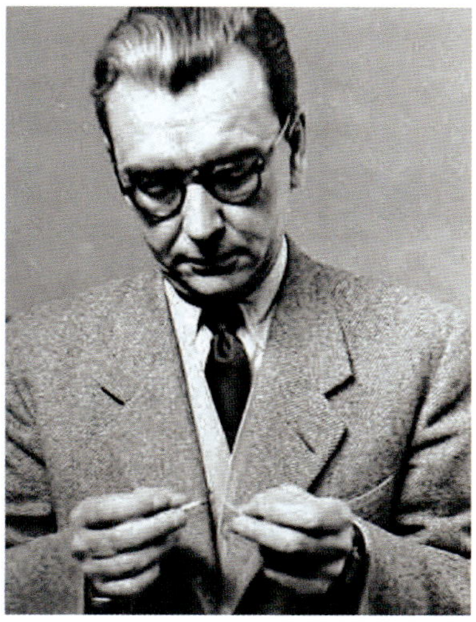

Henri Calet

trop de lumière à l'intérieur de la commode, ils faisaient du bruit.
Ils étaient en train de construire un truc, je ne sais pas, un château, enfin, une grande maison avec des dépendances, une propriété de cent hectares avec des dépendances. »
Le texte a été adapté au théâtre en 20C6 sous un titre idiot (moins rebutant que le titre du roman, mais id ot - c'est plus grave), *Un Cheval*, alors que pour une fois, c'était le cheval le prétexte etle parieur le vrai sujet. Comment est-il possible d'avoir compris le contraire ? Pas grave : pour la première fois de l'histoire du théâtre d'auteur (le flambe avait traversé une ou deux pièces de boulevard précédemment), le pari hippique montait sur scène.

Donner mène à Bukowski (1920-1994). « L'écrivain américain le plus célèbre de la télévision française », depuis le soir où il s'enivra sur le plateau d'Apostrophes, devant un Pivot embarrassé et amusé. Christophe Donner en parle comme d'un maître et, à lire « Buk », on en comprend une des raisons. Chacun connaît le Bukowski alcoolique et obsédé sexuel. Mais la troisième passion de sa vie, sa troisième tare, c'est le jeu aux courses. Et là, on atteint des sommets. Les sommets, toutes littératures confondues. S'il devait ne présenter qu'un auteur, le chapitre de ce livre consacré au « Pari Mutuel dans l'art et dans la culture » se limiterait à Bukowski.

Le jeu est partout : dans ses romans, ses nouvelles mais peut-être surtout dans ses poèmes, plus ou moins en prose (une prose en vers ? une prose où l'on va à la ligne, comme chez Cole Porter ?), et pour la plupart inédits en français. Comme Grasset détient les droits pour la France (tiens, tiens, encore un écrivain flambeur chez Fasquelle), on peut rêver qu'il les publie un jour.
Chez Bukowski, la vie et l'œuvre font corps. Le jeu aux courses et le travail d'écriture aussi : « je regarde les jockeys arriver pour le défilé et un seul va gagner la course, les autres vont perdre mais chaque jockey est obligé de gagner une fois dans une course dans une journée, et il est obligé de recommencer régulièrement ou c'est fini il n'est plus un jockey.

C'est la même chose pour chacun de nous assis devant sa machine à écrire (...) et nous sommes obligés de recommencer régulièrement ou alors nous sommes des putains incapables de marquer des points. »
Comme l'alcool et les femmes, le jeu est à la fois moteur et destructeur d'écrit :
« C'est terrible, les courses. Il y a trente minutes entre deux courses, ce qui est une inimaginable perte de temps ; et si en plus vous perdez votre fric, ça ne vaut rien. [...] Après ça, vous êtes crevés. Ce n'est pas bon. Les champs de courses sont des endroits horribles. [...] Mais toute cette torture me fournit quand même un bon matériel d'écriture. Les courses de chevaux ont un effet sur vous. C'est comme boire : ça vous secoue hors de la conception ordinaire des choses. Comme Hemingway utilisait les corridas. Moi, j'utilise les courses de chevaux. »
Comme quoi même un écrivain peut sortir gagnant d'un hippodrome...

Et en musique ? Erik Satie a consacré un morceau de ses *Sports et divertissements* aux courses (1914).
Plus près de nous, Thomas Fersen a chanté « Bucéphale » (1997).
En mal d'inspiration, le jeune compositeur se penchait souvent à la fenêtre, observant le ballet des clients du point PMU situé en face de son immeuble. Et d'après-midi en après-midi, il a composé son hymne aux turfistes (page ci-contre).
Aux courses, il n'y a pas que les chevaux. Il y a aussi les hippopotames. Celui du dessinateur Jacques Boisnard, porte-drapeau d'une grande enseigne de restauration, est connu de tous.
Dans les années 1990, Boisnard emmène son hippo flamber à Auteuil.
« À la demande d'Hippopotamus, j'essayais de mettre mon personnage en scène dans un cadre vivant, qui intéresse les gens. Les courses sont un univers dynamique. C'est pour cela que j'ai retenu ce thème. De plus, j'avais déjà joué, en Italie. Le cheval s'appelait Napoléon. Il avait perdu... » Cela donne une affiche, « L'hippodrame », qui décore un mur de l'Hippopotamus du Chesnay.

Thomas Fersen

Le mot de la fin sera pour la sculpture, dont il n'a guère été question ici. Mais tout espoir n'est pas perdu. Jacques Pauc, journaliste à Paris-Turf, compte bientôt lancer une souscription pour élever une statue devant l'hippodrome de Vincennes à la gloire du turfiste inconnu, qui a financé la race chevaline depuis la naissance des courses.

ici MAILLOT

« Si ce maudit canasson remportait cette course,
Ça renflouerait ma bourse et noierait le poisson.
Si ce maudit canasson remportait cette épreuve,
peu importe qu'il pleuve, ça sauverait la saison.
Si ce vieux Bucéphale n'est pas le bon cheval,
Je mange mon journal.
Si ce maudit canasson gagne sur le papier,
Il reste à recopier tout ça sur le gazon.
Si un autre canasson vient mettre le désordre,
Il me reste la corde, la balle ou le poison
Si ce vieux Bucéphale n'est pas le bon tuyau,
Je mange mon chapeau.
Si ce maudit canasson renaissait de ses cendres,
Je serais l'Alexandre du débit de boisson.
Mais si un autre équipier sort du cornet à dés,
Je rends mon tablier et je me fais oublier.
Si ce vieux Bucéphale ne vaut pas un jeton,
Je mange mon melon.
Sur ce maudit canasson, j'ai joué mon alliance
Pour sauver la finance, redorer mon blason.
J'ai le cœur qui galope et les poumons qui jonglent,
Je fume clope sur clope et je mange mes ongles.
Si ce vieux Bucéphale ne sauve pas la mise,
Je mange ma chemise.
Hélas, le vieux Bucéphale est coiffé d'un cheveu
Par son petit-neveu (il s'en fallait d'un poil).
Ce n'est que partie remise ! Si cette jument grise
N'est pas le bon filon,
J'avale mon pantalon. »

ici LONGCHAMP

Lucien Barrière

21
PHOTO

Nous remercions chaleureusement pour leur soutien, leur aide et leur bienveillance :

Abdu Cétin ainsi que l'ensemble de l'équipe de La Compagnie du Pari Mutuel,

Diane Dufraisy ainsi que l'ensemble de PMC,

Claudine Freytag,

Corinne-Marie Veschembes

et le service de presse de France Galop,

Pascal Caron,

Louis Romanet,

Omar Sharif,

Guillaume O'neill,

Christophe Donner

et Florence Rossollin.

Crédits photographiques

Collection privée CPM : p.11, 12, 13, 16, 17, 19, 22, 23, 24, 29, 29, 32, 33, 34, 35, 37, 38, 39, 40, 41, 42, 43, 48, 53, 55, 57, 67, 72, 74, 110, 119, 123, 124, 124, 125, 126, 137, 140, 141, 172, 173, 182, 183,187

Yann Pendaries : p.26, 28, 34, 46, 47, 49, 50, 51, 52, 54, 56, 58, 60, 63, 64, 65, 67, 68, 70, 73, 76, 77, 80, 90, 92, 98, 100, 104, 105, 107, 108, 109,114, 115, 118, 120, 122, 127, 134, 152, 156, 157, 170, 188

Corbis : p.14, 51, 59, 70, 79, 93, 94, 95, 97, 129, 131, 133, 150, 151, 185

Sipa Press: p.75, 84, 85, 88, 128, 130, 132, 174

APRH: p.154, 155, 157, 158, 160, 161, 162, 163, 164, 165, 167, 168, 169

Collection Cluny Conseil: p.173, 182, 183/ Guillaume O'neill: p.100, 105, 108, 113/ RMN: p.178, 181/ Hubert de Watrigant: p.176/ Jacques Boisnard: p.111

Achevé d'imprimer en Italie,
Grafiche Milani
Septembre 2007

dépôt légal : septembre 2007